Beck'sche Reihe
BsR 456

Das erfolgreiche und unterhaltsame Buch des ägyptischen Germanisten Nabil Osman wird jetzt in neuer Ausstattung in der Beck'schen Reihe vorgelegt. Nabil Osman hat hier rund 500 deutsche Wörter arabischer Herkunft versammelt. Er weist ihre ursprüngliche arabische Bezeichnung nach, erläutert sie und erzählt ihre – oft abenteuerliche – Geschichte, eine Geschichte, die vieles von der Ausbreitung der arabischen Kultur – von Byzanz bis Spanien – zu berichten hat. Manche Wörter sind inzwischen aus unserem Sprachschatz verschwunden, andere blieben in literarischen Werken lebendig, etwa in Goethes „West-östlichem Diwan", bei Rückert, Schlegel und Platon – und haben nicht selten über diese Dichtungen wieder Eingang in unsere Sprache gefunden.

Pressestimme zur ersten Auflage:
„Es hat einen ganz eigenen Reiz, anhand dieses kleinen etymologischen Lexikons die arabische Herkunft von Wörtern zu entdecken, die auf den ersten Blick ganz urdeutsch wirken: Jacke, Watte, Koffer, Kuppe, Zucker, Tasse oder Ziffer. Bekannter, aber auch nicht immer präsent, ist der arabische Ursprung von Wörtern wie Schach, Algebra, Chemie und Admiral; auch die Lehnwörter Sirup, Zenit und Tarif zeugen nicht nur von der kulturgeschichtlichen Beziehung zwischen der arabischen und der europäischen Welt, sondern haben sich noch etwas Arabisches im Klang erhalten."

Nabil Osman, geb. 1934, studierte Deutsche Philologie in München. Er ist heute Leiter des Usrati-Instituts für Arabisch in München.

Kleines Lexikon deutscher Wörter arabischer Herkunft

Herausgegeben von
Nabil Osman

VERLAG C.H.BECK MÜNCHEN

Legende zur Umschlagabbildung:
„Im Namen Allahs, des Allerbarmers, des Barmherzigen!"
(Beginn jeder Sure im Koran)

Die Deutsche Bibliothek – CIP-Einheitsaufnahme

Osman, Nabil:
Kleines Lexikon deutscher Wörter arabischer Herkunft / hrsg. von Nabil Osman. – 3., verb. und erw. Aufl. – München : Beck, 1992
(Beck'sche Reihe ; 456)
ISBN 3 406 34048 2
NE: HST; GT

ISBN 3 406 34048 2

Dritte, verbesserte und erweiterte Auflage. 1992
Einbandentwurf von Uwe Göbel, München

Gesamtherstellung: C.H.Beck'sche Buchdruckerei, Nördlingen
Printed in Germany

Inhalt

Vorbemerkung

> Wer sich selbst und andere kennt
> Wird auch hier erkennen:
> Orient und Okzident
> Sind nicht mehr zu trennen.
>
> *Goethe*

Ein *Admiral,* ein *Koffer* samt *Mütze, Jacke, Joppe* und *Gamaschen,* eine *Tasse Bohnenkaffee* mit *Kandiszucker* in einer *Konditorei,* eine *Karaffe* voll *Limonade* – selbstverständlich Begriffe der deutschen Sprache zunächst, die hier umständlich und ohne rechten Sinn nebeneinander zu stehen scheinen. Und dennoch: Sie und eine stattliche Zahl weiterer Wörter haben sprachlich Gemeinsames. Sie alle sind arabischen Ursprungs und haben sich, vor Jahrhunderten einmal dem Arabischen entlehnt, auf dem Umweg meistens über die romanischen Sprachen auch im Deutschen eingebürgert. Die scheinbar so mitteleuropäische *Lärche,* selbst das nur vermeintlich alpenländische *Tarock,* ebenso *Sandel-* und *Ebenholz,* entspringen dem Arabischen.

Es kommt nicht von ungefähr, daß arabische Wörter Eingang in die europäische Sprachenwelt fanden. Berührungen zwischen dem arabisch-islamischen Kulturkreis und dem christlichen Abendland hat es in der Geschichte zur Genüge gegeben. Zu denken ist zum Beispiel an die Expansion des Islam in Spanien. Seit 714 war ganz Spanien eine Provinz des Kalifats der Omaijaden von Damaskus. Dort erreichte die maurische Kultur unter ʿAbd ar-Raḥmān III. (912–961) ihren Höhepunkt. Alle Wissenschaften, die auf den orientalischen Akademien gepflegt wurden, fanden auch in Spanien freundliche Aufnahme. Córdoba war in den ersten Jahrhunderten der Hauptsitz der arabischen Gelehrsamkeit; dort hielten sich die größten Geister der islamischen Welt längere oder kürzere Zeit als Gäste oder

Händler auf. Ein weiteres Durchgangsland war Sizilien. „Nicht nur der Hofstaat und das Zeremoniell, sondern auch Sitten und Gebräuche, Künste und Wissenschaften wurden übernommen. Das Arabische blieb Regierungssprache, die Diplome waren zum Teil noch arabisch ausgefertigt, die Münzen wurden nach arabischem Muster geprägt, so daß die normannische Herrschaft fast einen islamischen Charakter hatte. In dieser Umgebung wuchs Friedrich II. und sein Sohn Manfred auf, die Arabisch sprachen, arabische Wissenschaft betrieben, arabische Philosophie studierten und arabische Werke ins Lateinische übersetzen ließen ... So ist es nicht verwunderlich, daß auch auf diesem Wege islamisches Geistes- und Gedankengut nach Europa übergehen konnte." (Otto Spies: Orientalische Kultureinflüsse im Abendland, S. 6.)

Eine schöne und knappe Schilderung über die Anfänge arabischer Wissenschaft liefert die „Allgemeine Deutsche Real-Encyklopädie für die gebildeten Stände" aus dem Jahre 1833. Dort heißt es: „... mit der Regierung des Kalifen aus der Familie der Abbassiden seit 750 begann auch Beförderung der Wissenschaften und Künste. Am glänzenden Hofe Al Mansur's in Bagdad fanden sie zuerst Unterstützung; Harun al raschid 766–809 aber war es, der seinen Landsleuten dauernde Liebe zu ihnen einflößte. Er rief Gelehrte aus allen Ländern in sein Reich, die er fürstlich belohnte, ließ die Werke der vorzüglichsten griech. Schriftsteller ins Arabische übersetzen und die Übersetzungen durch viele Abschriften verbreiten. Al mamun, der kurz nach ihm regierte, bot dem griech. Kaiser 100 Cntr. Gold und einen beständigen Frieden an, wenn er ihm den Philosophen Leo nur auf einige Zeit zu seinem Unterricht überlassen wollte. Unter seiner Regierung wurden treffliche Schulen zu Bagdad, Basra, Bothara, Kufa, und große Bibliotheken zu Alexandria, Bagdad und Kairo angelegt."

Von hier aus, geprägt von frühen ägyptischen, griechischen und römischen Quellen, vorangetrieben vom Wissensdurst islamischer Gelehrter und begünstigt durch das für alle Muslime verbindliche und einheitliche Arabisch des Korans, breiteten sich ihre Erkenntnisse über ganz Arabien, Nordafrika und über

Spanien ins übrige Europa aus. Die Bedeutung dieses Wissens wurde im Abendland schon sehr bald für maßgeblich erkannt und die Ergebnisse aufgegriffen: Europas Medizin und Pharmakologie, seine Astronomie und Mathematik, Physik und Geographie u.a.m. profitierten reichlich von den arabischen Forschungserfolgen. Beispiele dafür gibt es genug:

In Europa galt es lange Zeit für einen Mediziner als unehrenhaft, „mit der Hand“ zu operieren und einen menschlichen Körper zu öffnen. Frühchristliche Motive waren der Grund für eine solche Einstellung, weshalb es einen medizinischen Fortschritt kaum geben konnte. Zur gleichen Zeit versuchten sich die arabischen Kollegen dagegen bereits an den ersten schwierigen waagerechten Luftröhrenschnitten. Zahn- und Heilkunde waren um Jahrhunderte den europäischen Kenntnissen voraus. Hochentwickelt waren Diagnose und Therapie der Hautkrankheiten, wie Pocken, Krätze, Geschwüre usw. Als erster hat Ibn an-Nafīs (gest. 1288) den Lungenkreislauf des Blutes richtig erkannt und genau beschrieben. Der größte und originellste aller arabischen Mediziner, Ar-Rāzī (865–925), im Mittelalter als Rhazes bekannt, benötigte allein 30 Bände, um lediglich das medizinische Wissen des Orients seiner Zeit zusammenzutragen. Mehr als hundert Schriften werden ihm zugeschrieben, von denen mehrere in lateinischer Übersetzung die europäische Heilkunde bis in die Mitte des 16. Jahrhunderts befruchteten.

Gerade die Systematisierung der Erkenntnisse und deren Herausgabe in Enzyklopädien durch Gelehrte und Hochschulen erwies sich als sehr ertragreich für die spätere europäische Forschung. Es wurden biographische Lexika und viele Nachschlagewerke über die Vertreter verschiedener Berufe, über bedeutende Bewohner bestimmter Städte oder Bezirke, über einzelne Zeitabschnitte, über gewisse Wissenschaftszweige usw. zusammengestellt. Wie ertragreich, stellte der karthagische Arzt Constantinus Africanus Ende des 11. Jahrhunderts unter Beweis, als es ihm gelang, eine Anzahl dickleibiger Bände über die medizinische Praxis der Araber nach Italien zu schaffen. Das darin konzentrierte Wissen reichte aus, in Salerno die dem Ruf nach neben Palermo bedeutendste medizinische Fakultät in Europa zu begründen.

In Beziehung mit der Medizin standen botanische Studien. Die Araber wandten den Heilpflanzen besondere Aufmerksamkeit zu. Man könnte hier an die Worte Humboldts erinnern: „Die chemische Apothekerkunst ist von den Arabern geschaffen worden, und die ersten obrigkeitlichen Vorschriften über Bereitung der Arzneimittel, die jetzt sogenannten Dispensatorien sind von ihnen ausgegangen. Sie wurden später von der salerischen Schule durch das südliche Europa verbreitet." Wörter arabischer Herkunft aus der Botanik gibt es viele. Man denke z.B. an: *Abelmoschus, Alchemille, Alkakandschi, Alkanna, Anil, Aprikose, Artischocke, Aubergine, Azarolapfelbaum, Baobab, Behennuß, Berberitze, Borretsch, Datura, Dragun, Dum, Durra, Ebenholz, Estragon, Galgant, Halfa, Harmelraute, Haschisch, Henna, Ingwer, Jasmin, Kaffee, Kampfer, Karube, Karve, Kat, Kif, Kolkothar, Kubebenpfeffer, Kümmel, Kurkuma, Lärche, Lila, Limone, Nenuphar, Orange, Quetsche, Saflor, Safran, Sambak, Sandelholz, Sennesbaum, Sultanine, Sumach, Sumbulwurzel, Tamarinde, Teakholz, Zitwer, Zwetsche.*

Aber nicht nur medizinische und botanische Kenntnisse gelangten nach Europa. In arabischen Alchimistenstuben des 9. und 10. Jahrhunderts wurden die ersten Beobachtungen über chemische Prozesse unter künstlich geschaffenen Bedingungen gemacht. Arabische Gelehrte stellten erstmals Gewichtsveränderungen bei Metallen auf Grund von Oxidation mit eigens dafür konstruierten Präzisionswaagen fest. Die arabischen Alchimisten beschränkten sich nicht nur auf erste chemische Untersuchungen oder, wie ihre europäischen Kollegen, auf vergebliche Versuche, Gold zu machen. Sie trugen durch ihre fast schon industrielle Produktion von Arzneien – neben ihren Duftwässern, Ölen und Zucker Exportschlager im Handel mit Europa – auch zur Verbreitung des fortschrittlichen pharmakologischen Könnens bei. Die arabische Arzneikunde war im 13. Jahrhundert schon so umfangreich, daß der Botaniker Ibn al-Baiṭār aus Malaga über 1400 pflanzliche Rezepturen und

Drogen anzuwenden und zu katalogisieren wußte. Der Handel mit Europa – der religiöse Zwist war übers Geschäft rasch vergessen – war es, der die Mixturen und Elixiere finanzkräftigem Adel, betuchten Patriziern und Gelehrten zugänglich machte. In Arabien selbst sorgten öffentliche Apotheken unter staatlicher Aufsicht zur gleichen Zeit schon längst für die Versorgung der gesamten Bevölkerung mit Arzneimitteln.

Was für Alchimie und Pharmazie galt, traf für die arabische Mathematik ebenso zu: Dem täglichen Leben hatte sie zu dienen. Die im 9. Jahrhundert von dem Mathematiker Muḥammad ibn Mūsā al Ḫwārizmī (ungefähr: 780–850) veröffentlichte Anleitung für das schriftliche Rechnen im Ziffernsystem (genannt ‚Algebra') war deshalb zuallererst eine Aufgabensammlung für Kaufleute und Testamentsvollstrecker. So kam Mūsas Lehre über den Handel nach Europa, wo seine Algebra über Jahrhunderte als absolut maßgeblich galt, zumal das von den Indern übernommene ‚arabische Ziffersystem' die bis in das 12. und 13. Jahrhundert gebräuchliche komplizierte römische Zähl- und Rechenweise ersetzte. Auf diese Weise hat die abendländische Wissenschaft eine Fülle von arabischen Lehnwörtern in die Mathematik übernommen. Man denke im Deutschen an: *Algebra, Algorithmus, Chiffre, Ziffer* u. a. m.

Eng verbunden mit den mathematischen Wissenschaften ist die Astronomie, die ursprünglich mit der Astrologie verbunden, ja sogar aus ihr erst hervorgegangen ist. Die Erkenntnisse der arabischen Astronomen: ihre Winkelmesser, Quadranten, Sextanten und das Astrolabium zur Bestimmung des Standes der Gestirne ließen sich im 10. und 11. Jahrhundert problemlos nach Europa exportieren. Die arabischen Astronomen machten Fortschritte in der Bestimmung der Bahnen der Sonne, des Mondes und der Planeten. Sehr früh schon wurden Arbeiten über Ebbe und Flut, die Morgenröte, die Dämmerung, den Regenbogen, den Mondhof und die Bewegungen von Sonne und Mond verfaßt. 1079 berechnete man richtig das Sonnenjahr. Die Aussagen über das planetarische System oder den Erdumfang – die Araber gingen schon im 11. Jahrhundert davon aus, daß die Erde eine Kugel sei – wiesen europäischen Gelehrten späterer Jahrhunderte den Weg: Die Leistungen eines Nikolaus Kopernikus oder eines Johannes Kepler wären ohne die Vorarbeit arabischer Astronomen kaum vorstellbar. Der Einfluß der arabischen Astronomie auf Europa hat besonders in den Sternnamen deutliche Spuren hinterlassen. Man denke im Deutschen an Wörter wie: *Achernar, Alamac, Aldebaran, Algenib, Algol, Algorab, Alphard, Azimut, Beteigeuze, Denab, Dubh, Etanin, Fomalhaut, Nadir* u. a. m.

Der kulturelle Brückenkopf für die Vermittlung arabischer Erkenntnisse war das seit dem 8. Jahrhundert islamisch beherrschte maurische Spanien. Über Spanien machte sich in Europa nicht nur der wissenschaftliche Einfluß Arabiens geltend, sondern auch auf schöngeistigem Gebiet gab es Parallelen: Musikinstrumente wie die Gitarre, die Mandoline und die Laute waren Artikel eines mittelalterlichen Kulturexportes. Mit den Instrumenten sind auch musikalische Formen übernommen worden. Arabische Musiktheoretiker wie Al Fārābī, Avicenna und andere haben hiervon nicht nur bedeutende Zeugnisse hinterlassen; sie haben auch die griechische und indische Musik nennenswert verbessert. Nicht nur an Fürstenhöfen blühte die Musik, sie war wirkliches Volksgut geworden. Maqaddam ibn Mu'āfā, der am Hofe des Omaijaden 'Abdallah (888–912) lebte, führte eine Art Strophengedicht ein, das Muwaššaḥ, das die Romanen von den Arabern übernahmen.

Selbst die Entwicklung der europäischen Dichtkunst weist gewisse arabische Quellen auf. Denn die Schilderung islamischer Ritterlichkeit während der von den arabischen Poeten euphorisch gefeierten Ausdehnung des Islam war lange Zeit das Lieblingsthema arabischer Lyrik. Als ‚Romanze' gelangte diese Form nach Europa. Nach den Niederlagen in Südfrankreich und Kleinasien gab es zum romantischen Schwelgen über die Herrlichkeit des Heiligen Krieges allerdings kaum noch Anlaß. So entwickelte sich aus der von den arabischen Lyrikern dann liebgewonnenen Lobpreisung weiblicher Reize eine neue Form der Dichtung, die über Nordafrika und Spanien bald nach Frankreich gelangte und als Troubadours-Gesang schließlich auch den mittelhochdeutschen Minnesang beeinflußte. Nicht zu vergessen die bilderreichen orientalischen Märchen mit ihren Feen und Zauberern, die Eingang in die europäische Poesie fanden.

Die Araber führten ihre Arbeiten im Dienste der Wissenschaften fort bis zu dem Augenblick, da die beiden hauptsächlichen geistigen Mittelpunkte, Bagdad im Morgenland und Córdoba – Granada im Okzident, von schwerem Unheil betroffen wurden. Diese beiden Zentren wurden von Barbaren erobert, und diese überantworteten auch die Bibliotheken mit ihren Hunderttausenden von Handschriften dem Feuer, was die Wissenschaft in einer Zeit, da der Buchdruck noch nicht bestand, aufs schwerste schädigte.

Deutsche Wörter arabischer Herkunft erzählen hier abenteuerliche Geschichten, berichten über ihr Schicksal und informieren über ihren Weg nach Europa. Sie sind ein wichtiger Teil des gesamten Wortschatzes geworden, und sie machen das Schicksal der Sprache mit, indem veraltete Wörter langsam untergehen und neue aufkommen. Einige verraten durch ihr ausländisches Gewand ihre fremde Herkunft. Andere werden als organischer Bestandteil der Sprache empfunden.

Unser Lexikon zeigt nun, welche Bedeutung das arabische Sprachgut für das Deutsche im Laufe der Zeiten gewonnen hat. Das Lexikon ist nicht nur für Sprachforscher gedacht, sondern für alle, die über die „Worte aus der Fremde“ mehr wissen wollen, über den Weg, den sie gegangen sind, ehe sie in der deutschen Sprache erschienen, und sich, wie in vielen anderen Sprachen – vom Altindischen bis ins Spanische –, auch in ihr erhalten haben.

Nabil Osman

Im Wörterverzeichnis verwendete Abkürzungen

A) *Sprachen und Mundarten*

abair.	= altbairisch	kelt.	= keltisch
adt.	= altdeutsch	kopt.	= koptisch
aengl.	= altenglisch	lat.	= lateinisch
afries.	= altfriesisch	mhd.	= mittelhochdeutsch
afrz.	= altfranzösisch	mlat.	= mittellateinisch
ags.	= angelsächsisch	nd.	= niederdeutsch
ahd.	= althochdeutsch	ndl.	= niederländisch
alem.	= alemannisch	nfrz.	= neufranzösisch
altind.	= altindisch	ngriech.	= neugriechisch
alit.	= altitalienisch	nhd.	= neuhochdeutsch
apg.	= altportugiesisch	obd.	= oberdeutsch
arab.	= arabisch	pers.	= persisch
aram.	= aramäisch	pg.	= portugiesisch
aslaw.	= altslawisch	piem.	= piemontisch
asp.	= altspanisch	poln.	= polnisch
ass.	= assyrisch	prov.	= provenzalisch
bair.	= bayrisch	rom.	= romanisch
berb.	= berbisch	rum.	= rumänisch
bulg.	= bulgarisch	russ.	= russisch
dän.	= dänisch	sanskr.	= sanskrit
dt.	= deutsch	sard.	= sardisch
engl.	= englisch	schwed.	= schwedisch
finn.	= finnisch	semit.	= semitisch
fries.	= friesisch	serb.	= serbisch
frz.	= französisch	siz.	= sizilianisch
gen.	= genuesisch	slaw.	= slawisch
germ.	= germanisch	slowen.	= slowenisch
got.	= gotisch	sp.	= spanisch
griech.	= griechisch	sum.	= sumerisch
idg.	= indogermanisch	syr.	= syrisch
ind.	= indisch	ung.	= ungarisch
it.	= italienisch	venez.	= venezianisch

B) *Wörterbücher und Zeitschriften*

Corom.: Corominas, J., Diccionario crítico etimológico de la lengua castellana, Bern 1955–57

(Dt.) RWb.: Deutsches Rechtswörterbuch, Weimar 1914 ff.

DWb.: Deutsches Wörterbuch von Jacob und Wilhelm Grimm. 1–16, Leipzig 1854–1960

FEW: Walter von Wartburg, Französisches etymologisches Wörterbuch, Bonn und Leipzig 1922 ff.

GRM: Germanisch-romanische Monatsschrift, herausgegeben von Heinrich Schröder, Heidelberg 1909 ff.

REW: Wilhelm Meyer-Lübke, Romanisches etymologisches Wörterbuch, 3. Aufl. Heidelberg 1955

WZKM: Wiener Zeitschrift für die Kunde des Morgenlandes, Wien 1887 ff.

ZDMG: Zeitschrift der Deutschen Morgenländischen Gesellschaft, Leipzig

Zs. f. dt. Alt.: Zeitschrift für deutsches Altertum, Berlin 1841 f.

ZfdPh.: Zeitschrift für deutsche Philologie, Halle und Stuttgart 1868 ff.

ZfdSpr.: Zeitschrift für deutsche Sprache, 1969 ff.

ZfdWf.: Zeitschrift für deutsche Wortforschung, Straßburg 1900–1914. 1960 ff.

ZRP: Zeitschrift für romanische Philologie, Halle 1877 ff.

C) *Andere Abkürzungen und Zeichen*

Adj.	Adjektiv	Pas.	Passiv
Adv.	Adverb	Perf.	Perfekt
Akk.	Akkusativ	Pl.	Plural
allg.	allgemein	Präp.	Präposition
Dat.	Dativ	Präs.	Präsens
dicht.	dichterisch	Prät.	Präteritum
eigtl.	eigentlich	Subst.	Substantiv
Gen.	Genitiv	s. o.	siehe oben
Ggs.	Gegensatz	ugs.	umgangssprachlich
Inf.	Infinitiv	Vb.	Verb
Nom.	Nominativ	vgl.	vergleiche
Part.	Partizip	vlt.	veraltet

* zeigt an, daß die betreffende Form erschlossen ist.

< bedeutet ‚entstanden aus'. > bedeutet ‚entwickelt zu'.

ḍ: ein dumpfes stimmloses „d" = ض
ḏ: weicher Interdental (wie ‚th' in englisch ‚this') = ذ
ġ: schnarrender Kehllaut (entspricht etwa deutschem nicht gerolltem Zäpfchen-r) = غ
ǧ: weiches dsch (wie ‚j' in englisch ‚jungle') = ج
ḥ: stimmloser Kehlpreßlaut = ح
ḫ: hartes ch (wie in ‚ach') = خ
q: kehliges (velares) k = ق
ṣ: emphatisches s = ص
š: scharfes sch (wie in ‚Schule') = ش
ṯ: scharfer Interdental (wie ‚th' in englisch ‚thing') = ث
ṭ: emphatisches t = ط
ẓ: ein dumpfes stimmhaftes „s" = ظ
(ʾ): fester Stimmeinsatz (wie im Deutschen vor anlautenden Vokalen und zwischen Vokalen, z.B. er'innern)
(ʿ): stimmhafter Kehlpreßlaut = ع

Die emphatischen – dumpfe, am Obergaumen bzw. an Schneidezähnen und Obergaumen gebildete – Laute sind ebenso wie q, h und der Knacklaut (ʾ) den semitischen Sprachen eigentümlich.

Die Umschrift der arabischen Wörter und Namen folgt dem System der Deutschen Morgenländischen Gesellschaft.

Wörterverzeichnis

A

Abelmoschus, der; – [arab. ḥabb al-misk: Moschuskörner]: Bisamkörner.
Aus dem Arabischen stammt it. pg. sp. abelmosco, kat. abelmosch, frz. abelmosc, ndl. engl. abelmosk.
Wegen seines Wohlgeruchs wurde der Abelmoschus zur Verfertigung von Parfüms gebraucht. Auch im 18. Jahrhundert war er in Deutschland wohlbekannt: „Von den Arabern und Türken wird er gestoßen und unter den Coffee und Sorbet gemischet, oder auch unter die Kleider gestreuet. Wenn man ihn käuet, machet er einen wohl riechendem Odem." Zedler 3, 94. Im 19. Jahrhundert wurde die Abelmoschusfaser mit der Jute oft verwechselt und als solche verkauft. Das Wort ist heute veraltet.
Corom. 1, 8; Wartburg 60; Zedler 3, 94.

Achernar, Acharnar [arab. āḫir an-nahr: Ende des Flusses]: ein bei den Arabern leuchtender, in Europa unsichtbarer Stern am Ende des Sternbildes Eridanus. Der Name entstand durch mittelalterliche Transkription der arabischen Wiedergabe der ptolemäischen Bezeichnung. Die heute meistbenutzte Form: Achernar verdrängte die ältere Acharnar.
Kunitzsch 101; Lokotsch 33.

Admiral, der; -s, -e (auch: -äle) [arab. amīr ar-raḥl: Befehlshaber der Flotte]: Offizier der Marine im Rang eines Generals.
Das arabische Wort lieferte: frz. afrz. amiral, amirant, amiras, prov. amiralh, amiran, amiratz, it. ammiraglio, almiraglio, sp. pg. almirante.

Es handelt sich hier um ein Lehnwort aus dem afrz. admiral, amiral, das selbst aus arab. amīr ar-raḥl ‚Befehlshaber der Flotte' stammt. Admiral nannten seit dem 12. Jahrhundert die Sizilianer und Genuesen jeden Anführer zur See, worin ihnen später die übrigen Länder Europas gefolgt sind, mit Ausnahme der Türken, die den obersten Befehlshaber ‚Kapudan-Pascha' nannten. Vom afrz. amiral hat mhd. amiral die gleichbedeutende Form. Die Form admiral wurde viel später im Französischen geläufig. Sie verdrängte im 15.–17. Jahrhundert amiral und setzte sich seit der frühneuhochdeutschen Zeit im Deutschen durch. Der Ursprung des -d- im Wort ist zweifellos im mittellat. admirallus, admiralus, admiratus, admirabilis, zu suchen, in das das lat. admirari hineingedeutet wurde. Das Substantiv wurde wegen der hohen Stellung des Titels daran angeschlossen.
Diez 13; Dozy 165; Kluge 8; Lokotsch 69; Mahn 7; Wartburg 4.

Ajatollah, der; -s, -s [arab. ājatu llāḥ: Zeichen, Wunderwerk Allahs]: Ehrentitel für geistliche Würdenträger bei den Schiiten.

Alamac [arab. al-ʿanāq: Wüstenluchs]: Die Araber nannten den 15. Stern auf dem linken Fuß der Andromeda al-ʿanāq. Durch Vertauschung der Nasale n/m entstanden Alamac, Amak.
Kunitzsch 105; Lokotsch 75.

Albatros, der; -s, -se [arab. al-ġaṭṭās: Art Seeadler]: Vertreter einer Familie von auf den Meeren der südlichen Halbkugel beheimateten Sturmvögeln.
Das arabische Wort lieferte sp. albatros, pg. alcatraz, albatroz, woraus angloind. albatross, engl. albatros, frz. albatros, dt. Albatros entstanden sind.
Die Spanier übertrugen den Namen auf einen amerikanischen Vogel und die Portugiesen auf einen Sturmvogel der südlichen Halbkugel. Nach Wartburg (p. 52) ist der Wandel von alg- zu alb- im Englischen geschehen und von hier aus in die anderen europäischen Sprachen übergegangen.
Corom. 1, 99; Steiger 313; Wartburg 52; Lokotsch 988.

Alchemille, die; -, -n [arab- al-kāmiliā: Löwenfuß]: Löwenfuß. (bot.) Das arabische Wort lebt in frz. alchimille, sp. alquimilla, alchīmilla, port. alquimilla, neulat. alchimilla. Die Pflanze war im 17. Jahrhundert in Deutschland wohlbekannt und fand in der Medizin Verwendung. „Dieses Kraut ... ist eines von den besten Wund-Kräutern, innerlich und äußerlich gebraucht, es wärmet mäßig, kühlet, reiniget, hält an, heilet und trucknet: reiniget das gesalzene und versüsset das scharfe Geblüt, machet es dick, stillet das Bluten ... Es heilet auch allerley Brüche im Leibe; auch die versehrten Gedärme, und wird mit Nutzen gebraucht, wenn die Gedärme im Leibe von der Rothenruhr anbrüchig worden. Den jungen Kindern kan man von dem gedörrten und zu Pulver geriebenem Krawt ein Messer Sitzgen voll Morgens und Abends in Brey eingeben. Das abgezogene Wasser hat mit dem Krawt gleiche Tugend." Zedler 1, 1065.
Mahn (p. 158) sieht in dem Wort eine vom mlat. alchemia abgeleitete Form, weil die Alchemisten glaubten, daß der auf den Blättern befindliche Tau ein Hilfsmittel sei, um unedle Metalle in Gold zu verwandeln. Daher heiße diese Pflanze zuweilen das Alchemistenkraut. Das Wort ist heute veraltet.
Mahn 158; Zedler 1, 1065.

Alchimie, die; - [arab. al-kīmiyā': Chemie]: Mittelalterlich, mystisch und symbolisch verbrämte Chemie; Schwarze Kunst; Goldmacherei, Goldmacherkunst.
Das arabische Wort stammt aus griech.-lat. chymia und liefert it. alchimia ‚Goldmacherkunst', chimia ‚Chemie', frz. alchimie, chemie, sp. pg. alquimia, engl. alchemy, alchimy, ndl. alchimie. Die chemischen Kenntnisse im Mittelalter wurden über die Araber übermittelt. Veranlassung zu chemischen Untersuchungen gaben zweifellos die Bestrebungen, unedle Metalle in Gold zu verwandeln und durch Gold als Trinkgold *aurium potabile* gelöst, Krankheiten zu heilen und das Leben zu verlängern. Von der Mitte des 9. Jahrhunderts bis zum ersten Viertel des 16. Jahrhunderts kannte die Chemie nur diese Aufgabe. So wird diese Richtung in der Forschung Alchimie genannt. Ihre lebhafte Pflege durch die arabische Wissenschaft führte zur Entdek-

kung neuer Stoffe und verschiedener chemischer Geräte (Alkohol, Alembik, Aludel s.d.). Die Alchimie verschwand im 19. Jahrhundert.
Devic 3; Dozy 186; Lokotsch 1157; Wartburg 93.

Aldebaran [arab. ad-dabarān: der (den Plejaden) Nachfolgende, aus dem Verb dabara: dahinterkommen, folgen]: bei den Arabern die Bezeichnung für den Stern 1. Größe im Sternbild des Stiers. Seit Bayer (Oranometrica 1603) in allgemeinem Gebrauch.
Das arabische Wort lebt außerdem in: sp. pg. aldebaran, sp. addebarán, pg. aldebara, frz. aldébaran, ndl. aldebaran.
Devic 14f.; Lokotsch 451; Kunitzsch 109f.

Alembik, das; -s, - [arab. al-inbīq: Helmaufsatz zum Destillierkolben] Das heute veraltete Wort hat bei Zedler 1, 1125 folgende Bedeutung: „Alembik ist ein von Glaß, Zinn oder Kupfer gemachtes Gefäß, welches inwendig hohl, gewölbt, oder concav, auswendig aber convex ist, und beim destilliren, laboriren, und Brandweinverbrennen, auf die gläserne oder irdene Kolben und kupfernen Blasen gesetzt, hernach an den Ort, wo es mit dem Kolben, oder Blase zusammen schließet, wohl verschmiret, damit unter dem Brennen die Dünste und Geister nicht neben aussteigen, sondern sich vielmehr zu oberst im Brennkolben sammeln und durch die davon ausgehende Röhre ablaufen mögen." Nach Wartburg (p. 8) erscheint Alembik seit dem 10. Jahrhundert in Kitāb al-Asrār (Buch der Geheimnisse) von Ar-Rāzī und in der ältesten islamischen Enzyklopädie Miftāh al-ʿulūm (Schlüssel zu den Wissenschaften).
Das arabische Wort lebt auch in: frz. alambique, it. alambicco, lambicco, lambiccio, limbiccio, engl. alembic, mndl. alembic, bret. elbik.
Dozy 56; Diez 187; Littmann 76; Wartburg 7.

Alepine, die; -, -n [arab.: ḥalab: Aleppo]: Alepine ist heute die Bezeichnung für einen körpergerechten Damenkleiderstoff aus Schappe mit Wollkammgarn.

Das Wort ist eine Entlehnung aus dem frz. alépine, das eine Ableitung innerhalb des Französischen ist vom Ortsnamen Alep (arab. ḥalab) + ine.
H. Höfler, Untersuchungen zu Tuch- und Stoffnamen in französischer Urkundensprache (p. 105); Lammens 10; FEW 646.

Algebra, die; - [arab. al-ǧabr: Wiederherstellung]: Algebra kam im 9. Jahrhundert durch die Araber nach Spanien und von dort aus nach dem übrigen Europa. Das arabische Wort ist eine Abkürzung von al-ǧabr wa-l-muqābala, dem Titel eines algebraischen Lehrbuchs von Muḥammad ibn Mūsa, dem Erfinder der Algebra. Im 12. Jahrhundert kam die latinisierte Bezeichnung Algebra et Almuqabala in Europa auf. Die Abkürzung Algebra wurde dann von der Vergleichungslehre auf das Buchstabenrechnen übertragen.
Das arabische Wort lebt in: sp. pg. álgebra, frz. algèbre, it. algebra, engl. algebra.
Lammens 13; Wartburg 5; Diez 12; Dozy 123; Mahn 141; Littmann 76; Lokotsch 631; Corom. 1, 122.

Algedi [arab. ǧadīy: Bock]: Das Wort erscheint seit dem Mittelalter als Bezeichnung für das Sternbild *Capricornus.*
Lokotsch 635; Kunitzsch 112.

Algenib [arab. ǧānib: Seite]: eine Bezeichnung für den 7. Stern des Perseus. Seit Bayer (Oranometria 1603) im allgemeinen Gebrauch.
Ideler 116; Lokotsch 664 Kunitzsch 113.

Algol [arab. al-ġūl: Wüstengeist mit menschlicher Gestalt und Eselsbeinen]: Stern 3. Größe im Sternbild des Perseus. Algol steht am Medusenkopf, und da den Arabern die Fabel von Medusa unverständlich war, ersetzten sie den Kopf der Medusa durch den Kopf eines Wüstengeistes arab. ‚ras al-ġūl', woraus Algol entstand.
Lokotsch 741; Ideler 88; Lammens 127; Devic 18.

Algorithmus, der; -, ... men [arab. al-Ḫwārizmī: der aus Ḫwārizm Stammende (Beiname des arabischen Mathematikers Muḥammad ibn Mūsa Al-Ḫuwārizmy)]: Entstellt aus dem Namen des arabischen Mathematikers Al-Ḫuwārizmy bezeichnete im Mittelalter die Rechenkunst mit dem damals durch die Araber bekannt gewordenen dekadischen (indischen) Zahlensystem. Die Algorithmiker waren vom 11.–17. Jahrhundert die Anhänger des schriftlichen Rechnens im Gegensatz zum Brettrechnen.
Das arabische Wort lieferte asp. alguarisma, Arithmetik, woraus afrz. mfrz. algorisme, augorisme entlehnt wurden.
Lammens 13; Corom. 2, 818; Littmann 77; Wartburg 73.

Alhambra, die; – [arab. al-ḥamrā', Abkürzung von al-qubba al-ḥamrā': die rote Burg]: die 1213–1338 erbaute Burg der maurischen Könige von Granada, eine der schönsten und großartigsten Schöpfungen islamischer Kunst.

Alhidade, die; -, -n [arab. al-ʿiḍāda: bewegliches Lineal am Astrolabium]: in der Mathematik eine am drehbaren Oberbau eines Theodolits befindliche Zeigereinrichtung zum Ablesen des Teilkreises.
Das arabische Wort lebt in: frz. alidade, it. alidada, sp. alidada, alhidada. Das arabische Wort kam über Spanien nach Europa.
Gamillscheg 28; Lammens 15; Lokotsch 896; Wartburg 73; Corom. 1, 130; Wartburg 73.

Alizarin, das; -s [arab. al-ʿuṣāra: Saft, der durch Pressen aus einer Pflanze gewonnen wird]: Farbstoff aus Krappwurzel. Seit 1867 wird das Alizarin nach dem Verfahren von Graebe und Liebermann synthetisch hergestellt.
Das arabische Wort lebt in frz. sp. alizarí.
Lammens 15; Lokotsch 116.

Alizarintinte, die; -, -n: schwarze Tinte mit anfangs blaugrüner Färbung → Alizarin

Alkakandschi [arab. kākanǧ: Nachtschatten]: Judenkirsche. Das arabische Wort lieferte sp. alkakengi (1555); alquequenje (seit 1888); frz. alcakenge; pg. alkekengi; bret. alkakanjez. Dozy 147; Gamillscheg 28; Lammens 260; Lokotsch 1016; Wartburg 80.

Alkali, das; -s, - ... lien [arab. al-qāly: die Pottasche, das Aschensalz]: Das (aus der Pflanzenasche gezogene) Laugensalz. Das arabische Wort lebt in frz. it. alcali, sp. álcali.
Vom spätmittelalterlichen Latein entlehnt dt. Alkali. Kali ist eine Rückbildung aus dem schon von Paracelsus 1526 gebrauchten Alkali. Das Verb dazu ist qalā, rösten's.
Lokotsch 1029; Wartburg 82; Corom. 1, 94.

Alkanna, die; - [arab. al-ḥinnā': das Hennapulver]: eine alte Kulturpflanze, die einen bräunlichen bis rötlichen Farbstoff liefert. Das arabische Wort wurde von Gerardo di Gremona im 12. Jahrhundert als *alcenna* ins Lateinische des Mittelalters übernommen. Von hier aus ist das Wort in die europäischen Spachen übergegangen: so asp. alcanna, it. alcanna, frz. alcanne, kat. alquena.
Corom. 1, 126; Dozy 138; Wartburg 71.

Alkazar, der; -s, -e [arab. al-qaṣr: das Schloß]: Palast, Schloß in Spanien. Über sp. pg. alcásar kam das Wort mit dem arabischen Artikel nach Deutschland.

Alkermes: → Kermes

Alkohol, der; -s, -e [arab. al-kuḥl: Antimonpulver]: der reinste Weingeist; alkoholisches Getränk.
Die heutige Bedeutung von Alkohol hat das arabische Wort ursprünglich nicht gehabt; arab. al-kuḥl ist das als feinstes Puder verwendete Antimonpulver, um die Lider und Augenbrauen zu schminken. Die Übertragung auf den Weingeist entstand erst bei den arabischen Alchimisten in Spanien, indem man die Feinheit des Antimonpulvers auf die Feinheit des Weingeistes

übertrug. In dieser Bedeutung erscheint das Wort im Deutschen zum ersten Mal 1616 bei Henisch.
Das arabische Wort lebt in: sp. frz. it. alcool, sp. pg. alquifol, alcofol, alcofor, alcohol, rum. alcool, ndl. alkohol, skand. poln. tschech. ung. alkohol.
Lokotsch 1227; Mahn 107; Lammens 262; FEW 70; REW 4732; Wartburg 98.

Alkoran → Koran

Alkoven, der; -s, - [arab. al-qubba: die Kuppel]: Bettnische, kleiner, abgetrennter Nebenraum ohne Fenster, um 1700 entlehnt aus frz. alcôve, das etwas früher nnl. alkoof, fläm. ankove, engl. alcove geliefert hat. Das französische Wort ist dem sp. alcoba ‚Schlafgemach' (seit dem 13. Jahrhundert) entlehnt, das aus arab. al-qubba ‚Gewölbe, gewölbtes Gemach, Zelt' stammt. Aus dem Spanischen wanderte das Wort in die anderen romanischen Sprachen. Eine frühere Entlehnung aus dem Altfranzösischen findet im mhd. ekub bei Wolfram von Eschenbach statt. Die Bedeutung ‚kleines Nebengemach als Schlafraum' ist im Arabischen früh belegt und im 16. Jahrhundert im Spanischen zu finden. Daraus entlehnt frz. alcôve, das besonders durch die Preziosen bekannt wurde.
Im Deutschen galt zuerst die Form Alkove (ohne -n) bis zur Mitte des 18. Jahrhunderts. Die Form Alkoven (mit -n) setzt sich erst im 19. Jahrhundert durch.
Dietz 11; Eguilaz 140; Lammens 8; Lokotsch 1221; Wartburg 96.

Allah, [arab. allāh, eine Kontraktion aus al ilāh: der Gott]: Name Gottes im Islam. Das arabische Wort ist mit dem hebr. el, elohim (Gott) etymologisch verwandt. Auch die heidnischen Araber kannten bereits diesen Gottesnamen, der erst im Islam zum Eigennamen des einzigen, allmächtigen Gottes wird.
Lokotsch 59.

Almagest, der, – [arab. al-maǧist]: al-maǧist ist der arabische Titel für das Hauptwerk des Mathematikers und Astronomen

Claudius Ptolemäus, dessen Hauptverdienst es war, die Beobachtungen und Entdeckungen früherer Astronomie in einem System zusammenzufassen und in einem Werk bekanntzumachen, das gewöhnlich unter dem Titel ‚Syntaxis mathematike' angeführt wird. Dieses Werk wurde 827 ins Arabische unter dem Titel *al-mağisti* übersetzt. Das arabische Wort ist eine Verbindung des arabischen Artikels mit dem griechischen Superlativ mégistos ‚der Größte'. Der aufgekommene arabische Titel lieferte dt. Almagest, it. almagesto, frz. almageste, sp. almagesto.
Lokotsch 1348.

Almanach, der; -s, -e [arab. al-minḫa: das Geschenkte, Kalender, Neujahrsgeschenk]: Kalender, Jahrbuch. Sehr zahlreich sind die Versuche der Etymologen, die Herkunft dieses Wortes zu erklären. Das Wort ist sicher arabischen Ursprungs, da es auch im Arabischen Spaniens im 13. Jahrhundert belegt ist. Ungefähr zur gleichen Zeit taucht das Wort in den europäischen Sprachen auf, so it. almanacco (1345), engl. almanac (1321), ndl. almanaq (1426), frz. almanach (14. Jh.).
Die ursprüngliche Bedeutung im Deutschen ist ‚Kalendertafel', später ‚Jahrbuch'. Almanach findet sich zuerst bei dem um 1460 zu Wien lebenden Astronomen Georg v. Puerbach, der einen Almanach pro annis pluribus herausgab. Seit dem 18. Jahrhundert ist Almanach der Titel für regelmäßig erscheinende Bändchen mit Proben zeitgenössischer Dichtung verschiedener Verfasser, heute besonders für Auswahlbände großer Verlagshäuser mit Proben aus ihren Veröffentlichungen.
Lokotsch 1389.

Almukantarat [arab. al-muqanṭarāt: Bogenlinien auf dem Astrolab, aus Verb qanṭara: bogenartig krümmen]: In der Astronomie jeder dem Horizont parallele Kreis der Himmelskugel. Hermann von Reichenau (1013–1054) führte den Namen ein.

Alphard [arab. al-fard: der Alleinstehende]: ist gebräuchlich seit dem 13. Jahrhundert als Bezeichnung für den Stern 2. Größe im

Sternbild der Wasserschlange. Andere Sternnamen, s. Vorbemerkung S. 9.
Lokotsch 587.

Alquifuz [arab. al-koḥl: Grauspießglanz]: ein Schönheitsmittel der arabischen Frauen zum Schwärzen der Wimpern und Augenbrauen.
Das Wort kam über frz. alquifou (18. Jh.). Es lebt außerdem in asp. alkofol, sp. alquifol, pg. alquifolho, engl. alquifou. Das Wort ist heute veraltet.
Mahn 109; Lammens 20.

Aludel, das, -s, – [arab. uṯāl: Gefäß zum Sublimieren]: ein Sublimiertopf, Läuterungsgefäß, das aus kurzen kegelförmigen Tonröhren besteht, die ineinandergeschoben werden. Das Wort wurde den Spaniern durch die arabischen Alchimisten vermittelt. Die Franzosen übernahmen es im 16. Jahrhundert und vermittelten es den Deutschen weiter. Das Wort ist heute untergegangen.
Gamillscheg 31; Lokotsch 2142; Dozy 1, 10; Wartburg 197.

Amak → Alamac.

Amalgam, das; -s, -e [arab. ʿamal al-ǧimaʿ: Akt der körperlichen Vereinigung]: Legierung eines Metalls mit Quecksilber.
Amalgame werden als Metallkitt und Zahnplomben gebraucht, auch zur Gewinnung von Gold und Silber aus den Erzen. Devic (p. 7) macht darauf aufmerksam, daß die Amalgamierung des Quecksilbers mit anderen Metallen in den Büchern der Alchimisten oft mit körperlicher Vereinigung verglichen wird, was arab. ʿamal al-ǧamaʿ bezeichnet wird.
Als Ausdruck der Alchimisten ist mlat. amalgama seit dem 13. Jahrhundert belegt. Es lieferte frz. amalgame (seit 13. Jh.), engl. amalgam (seit 15. Jh.), dt. Amalgam (seit 1594) bei Fischart als Amalgama.
Gamillscheg 32; Littmann 76; Lokotsch 1378; Wartburg 3; Devic 7.

Amber, der; -s auch Ambra, die; -, [arab. ʿanbar: Ambra]: eine wohlriechende Darmausscheidung des Pottwals. Er findet sich in den tropischen Meeren, auf dem Wasser schwimmend, oder an den Ufern. In früheren Zeiten war der Amber in der Medizin hochgeschätzt. Nach Abu-l-Qāsim ʿUbaidullāh († 912) kam er von den Sunda-Inseln. Aus dem arabischen Wort entlehnt it. ambra, frz. ambre, pg. sp. ambar; mit dem arabischen Artikel sp. pg. alamber, alambre.
Diez 16; REW 441; Gamillscheg 33; Corom. 1, 187; Eguilaz 258; Lokotsch 78; Wartburg 7.

Ambra → Amber.

Amulett, das; -s, -e [arab. hammāla: Tragband]:
kleiner, meist als Anhänger getragener Gegenstand, dem unheilabwehrende und glückbringende Kräfte zugeschrieben werden.
Der Magier oder der Alchimist trug eine Kette mit einem Anhänger, der mit Zauberformeln und Koransprüchen beschrieben war, um sich vor den neidischen und gefährlichen bösen Geistern zu schützen.
Das arabische Wort lieferte it. amuleto, frz. amulette, sp. pg. amuleto, engl. amulet. Das Wort erscheint im Deutschen seit 1596.
Lokotsch 866; Gamillscheg 36; Lippmann 39; Kluge 20.

Anil, der, -s [arab. an-nīl: Indigopflanze]: Indigopflanze. Bei der Destillation von Indigo wurde der Farbstoff Anilin 1826 entdeckt und 1834 aus dem Steinkohlenteer hergestellt. In der Chemie ist Anilin ein einfaches Amin der aromatischen Verbindungen, Ausgangsprodukt für zahlreiche Arzneimittel, Farb- und Kunststoffe.
Gamillscheg 39; Lammens 25; Littmann 85; Lokotsch 1568.

Anilin das, -s → Anil

Antimon, das; -s [arab. iṯmīd: Antimon]: chemischer Grundstoff, ein silberweiß glänzendes Halbmetall.

Das arabische Wort lebt in mlat. antimonium, frz. antimoine, sp. pg. it. antimonio, engl. antimony.
Es ist noch nicht ganz sicher, ob Antimon arabischen Ursprungs ist, da der Zusammenhang zwischen dem mlat. antimonium und dem arabischen iṯmūd, mit Vokalisation iṯmūdun, noch nicht völlig aufgeklärt worden ist. Auch die folgende Volksetymologie bei Adelung 4, 205 kann nur spaßhaft sein: „Irgendwo ward in allem Ernst behauptet, Bastilius Valentius, habe bemerkt, daß die Schweine, wenn sie Spießglas (Antimonium) gefressen, heftig purgiret und hernach fett geworden. Er sey dadurch auf den Einfall gekommen, seine Mitmönche auf eben die Art damit zu mästen, weil sie aber an dieser Kur insgesamt gestorben, so habe er daraus den Schluß gemacht, daß dieses Mittel zwar den Schweinen aber nicht den Mönchen heilsam sey und es daher Antimonium, d.h. Mönchgift, genannt."
Das arabische Grundwort kann eher für *Wismut* (s.d.), sp. bismuto, frz. bismuth, it. bismutta das Etymon sein.
Eguilaz 346; Lokotsch 918; Lammens 260; Gamillscheg 41; Wartburg 73.

Aprikose, die; -, -n [arab. al-barqūq: Pflaume]: Zunächst aus nnl. abricoos, das entlehnt ist aus frz. abricot, it. albercocco, sp. albaricoque. Diese Formen beruhen auf lat. praecoccium ‚das Frühreife' und gr. praikókia. Daraus bildeten die Araber albarqūq ‚Pflaume'. Im Deutschen zeigt sich das Wort seit Mitte des 17. Jahrhunderts (1647 bei Olearius). Im 18. Jahrhundert galt Aprikose als nd.-obersächs. Dialektwort. Erst seit dem 19. Jahrhundert gehört es zum allgemeinen Sprachgebrauch. In Süddeutschland heißt die Frucht auch Marille.
Lammens 2; REW 6712; Lokotsch 247; Kluge 28.

Araber, m; -s, -[arab. ʿarab: Araber]: die Araber. Die Urheimat der Araber ist Arabien. Seit dem 7. Jahrhundert n. Chr. haben sie mit der Ausbreitung des Islam ihre heutige Ausdehnung erreicht. Das Wort wird auch als Bezeichnung des arabischen Pferdes gebraucht.

Arabeske, die; -, -n [arab. ʿarabī: arabisch]: phantastische, dem Pflanzenreich entlehnte rankenförmige Verzierung.
Das arabische Wort lebt in frz. arabesque, it. arabesco fort.
In ihrer Kunst entwickelten die Araber das geschwungene und lineare Ornament. Das Wort bezeichnet das geschwungene Pflanzenranken-Ornament der islamischen Kunst. Es wird in der modernen Sprache vielfach für dasjenige Ornament der Renaissance verwandt, das konkret als Groteske gilt. In der Bedeutung ‚Fratzengesichter, Karikaturen', die im 18. Jahrhundert üblich war, ist das Wort heute nicht mehr bekannt. Aus dem Italienischen ist das Wort in die anderen europäischen Sprachen übergegangen.
Alois Riegl: Stilfragen, (1939); Lokotsch 89.

Arrak, der; -s, -e u. -s [arab. ʿaraq: Schweiß, starker Branntwein]: Branntwein aus Reis.
Das arabische Wort lieferte frz. arak, rack, pg. araque, rak, araca, sp. arac, asp. arrequi, engl. rack, arrack, ndl. arak, türk. raki.
Der aus Palmenzuckersaft und geronnenem Reis gewonnene Branntwein wurde dem Abendland durch die Araber vermittelt. Die vorzüglichsten Sorten kamen früher aus dem indischen Goa und aus Batavien. Nach Europa gelangte das Wort seit Beginn des 16. Jahrhunderts durch portugiesische, holländische und englische Vermittlung aus Ostindien und dem malaysischen Archipel, nachdem dort Kolonien errichtet worden waren.
Lokotsch 92; Wartburg 10; Devic 10.

Arsenal, das; -s, -e [arab. dār aṣ-ṣināʿa: Werkstätte]: Waffenlager.
Das arabische Wort lieferte frz. darse, darsine ‚kleiner Binnenhafen', arasenal, sp. arsenal, pg. arsenal, it. arsenale, altit. arsanale, arzanale, arzana, mlat. arsena.
Das Wort geht auf arab. dār aṣ-ṣināʾa zurück: ‚Haus, in dem etwas hergestellt wird, Fabrik, Waffenfabrik, Werft'. Nach Ibn

Ḫaldūn befiehlt der Kalif ʿAbdul Mālik dem Ḥasan ibn Nuʿmān, in Tunis eine *dār ṣināʿa* für alles, was zur Ausstattung von Schiffen nötig ist, zu bauen. Das Wort gelangte unter venezianischem Einfluß im 16. Jahrhundert nach Deutschland. Die Verdeutschung: Zeughaus für Arsenal stammt von Zesen (1619–1689).
Littmann 84; Lammens 27; Gamillscheg 53; Mahn 159; Lolotsch 495.

Artischocke, die; -, -n [arab. al-ḫaršūf: Artischocke]: distelartige Gemüsepflanze.
Vom arabischen Wort stammen sp. alcachofa, asp. alcarchofa, carchofera, pg. alcachofra, it. carciofo, articiocco, frz. artichaut, prov. arquichaut, archichaut, ndl. artisjok, engl. artichoke. Im Deutschen erscheint das Wort erstmals 1556 bei Frisius. Vom Italienischen sind auch entlehnt ndl. artisjik und engl. artichoke.
Die Artischocke kam vom Orient aus Sizilien und Oberitalien zu Anfang des 17. Jahrhunderts nach Spanien, Frankreich und England. Die Pflanze enthält in der Wurzel und den Blättern den Bitterstoff Cynarin, der anregend auf die Gallenabsonderung wirkt und vermutlich bei den Arabern gegen bestimmte Leiden verwendet wurde.
Mahn 157; Lokotsch 833; Littmann 84; Gamillscheg 53.

Askari, der; -s, -s [arab. ʿaskarī: Soldat]: eine Bezeichnung für farbige Soldaten in Afrika, besonders bei der ehemaligen Schutztruppe in Deutsch-Ostafrika.

Assagai, der; -s, -e [berb.-arab. az-zagaya: Wurfspieß, Bajonett]: „Assagai ist die Hauptwaffe der Kaffern, Hottentotten und Beschauen, hält die Mitte zwischen einem eigentlichen schweren Wurfspieß ... Die Waffe dient selten zum Stoß; sie wird im Kampfe mit großer Kraft und außerordentlicher Sicherheit in Entfernung von 30 bis 40 m weit geworfen." Brockhaus Konversationslexikon (1893). Durch die Portugiesen wurde das Wort früh nach Frankreich gebracht. Von hier aus ge-

langte es durch die Kämpfe der Engländer mit den Eingeborenen in die englische Zeitungssprache. Vom berb.-arab. Wort stammen sp. pg. azagaya, it. zagaglia, frz. zagaye, zagaie. Heute ist das Wort im Deutschen unbekannt.
Lokotsch 2181; Lammens 268; FEW, 1, 80b; Brockhaus Konversationslexikon, 1893.

Assassine, der; -n, -n [arab. ḥaššāšīn, Pl. von ḥaššāš:Haschischgenießer]: Angehöriger eines im 11. Jahrhundert gestifteten Geheimbundes, der seine Ziele auch mit Mordanschlägen und Gruseltaten durchzusetzen suchte. Im 16. Jahrhundert kam das Wort über it. assassino nach Deutschland. Heute ist das Wort veraltet, und kommt fast nur in historischen Schriften vor.

Atair [arab. aṭ-ṭāir: der Fliegende]: Stern 1. Größe im Sternbild des Adlers. Entlehnung aus dem 10. Jahrhundert.

Athanor [arab. at-tannūr: Backofen, Wasserrohr]: Heyse (Fremdwörterbuch) verzeichnet das Wort so: „Scheidekunst, ein vormals gebräuchlicher Windofen, Kohlenturm". Er setzt es mit „faulem Heinz" gleich. Bei Adelung 2, 1085 heißt es: „In der Chymie führet ein Zugofen, welchen man voll Kohlen füllet, daher er kein so häufiges Nachsehen erfordert als ein anderer, den Nahmen des faulen Heinzen, vornehmlich, weil er nur schwach ziehet."
Das arabische Wort lebt in mlat. athanor, siz. tannúra, sp. norw. pg. atanor, frz. athanor. Heute ist das Wort im Deutschen völlig unbekannt.
Wartburg 181; Dozy 210; Lokotsch 2019.

Atlas, der; -ses, -e [arab. aṭlas: Seidenstoff]: glänzender, schwerer Seidenstoff.
Das Wort kam seit dem 15. Jh. vom Orient durch die Vermittlung der Araber zunächst nach Italien, das früher die schönsten Seidenatlasse lieferte. Im 19. Jahrhundert wurden Atlasse in gleicher Güte auch in Deutschland (Krefeld, Elberfeld, Frankfurt) und auch in Wien hergestellt.

Das arabische Wort lebt fort in rum. atlas, russ. atlas, bulg. atlaz, serb. atlas.
Lokotsch 131.

Aubergine, die; -, -n [arab. baḏinǧān: Eierpflanze]: Die Aubergine kam erst im Laufe des frühen Mittelalters aus Indien und dem Iran nach Vorderasien und Südeuropa. Sie wird im 9. Jahrhundert von dem Araber Abū Ḥanīfa erwähnt (s. Wartburg p. 17). Schon früh wird das Wort in Spanien durch die Vermittlung der Araber heimisch. Im 12. Jahrhundert berichtet der Mozaraber Ibn al-ʿAwwām ausführlich über die Kultur der Pflanze.
Vom arabischen Wort stammen sp. berenjena (15. Jh.), pg. beringela, bringela, kat. alberingera, frz. aubergine, it. melangola, marignano, melanzana, türk. patlyğan.
Wartburg 17.

Aval, der; -s, -e [arab. ḥiwāla: Mandat, Wechsel]: Wechselbürgschaft.
In den romanischen Sprachen heißt es: sp. aval, frz. aval, it. avallo.
Das Wort ist etymologisch unsicher, entweder zu lat. ad vallem ‚zu Tal, abwärts', d.h. untenstehend von der Unterschrift, durch die man sich verbürgt, oder besser von arab. ḥiwāla ‚Mandat, Wechsel'. Das Wort ist im 17. Jahrhundert aus dem Italienischen ins Deutsche gedrungen. Dazu *Avalist* ‚Wechselbürge' und *avalieren* ‚Wechselbürgschaft leisten'. Heute sind diese Wörter ausgestorben.
Wartburg 76.

Azarolapfelbaum, der; -s, ⸗e [arab. az-zaʿrūr: Art Mispel]: Art Mispel. Der Azarolapfelbaum ist in Vorderasien heimisch. Dann ist er nach Südeuropa verpflanzt worden. So gelangte der arabische Begriff in die europäischen Sprachen: sp. acerola (erst 1611), pg. azarola, azerola, zarola, frz. azerolle, it. azzeruola, lazzeruola.
Aus sp. accerola kamen Pflanze und Name nach Frankreich

und von dort nach Deutschland, wo sie im 18. Jahrhundert allgemein bekannt waren. Von der Frucht steht bei Zedler 2, 2300: „Frucht ... führet viel Oehl und Feuchtigkeit, nebst wenig saurem Salz. Sie ist anhaltend, stärket den Magen, stillet das Brechen und Durchfall, wenn sie roh oder eingemacht genossen ist."
Dozy 1, 592; Wartburg 208; Lokotsch 2206; Corom. 23; Lammens 35; REW 191; Zedler 2, 2300.

Azimut, der; -s, -e [arab. as-sumūt: die Wege, Pl. von arab. as-samt: der Weg]: In der Astronomie versteht man unter *Azimut* den Winkel, den der Höhenkreis eines Gestirns mit dem Meridian bildet, wobei die Winkelmessung von der Südrichtung über West erfolgt.
Das arabische Wort lebt fort in frz. azimut, it. azimut, azimutto. Aus dem Sing. as-samt und mit Verschiebung von m zu n entstanden it. zenit, frz. engl. ndl. zenit, dt. Zenit. (s. d.).
Lammens 52; Lokotsch 1818; Gamillscheg 567.

Azur, der; -s [arab. lāzaward: Lazurstein, aus pers. läzwärd: Lasurstein]: 1. das Himmelblau; 2. der blaue Himmel.
Die Form mit Degultation des l- wurde von den europäischen Sprachen übernommen, da man das l- für den arabischen Artikel hielt, so it. azzurro, azzuolo, frz. azur, sp. pg. azul, rum. azur, mlat. lazulum, dt. azur, Lasur.
Im Mittelalter kam der aus Persien stammende Lasurstein durch die Vermittlung der Araber nach Italien, dann in die anderen Länder Europas. Im 13. Jahrhundert war Azur die Bezeichnung für Lasur, Lasurstein. Nur in der Dichtersprache gebrauchte man das Wort für eine himmelblaue Farbe.
Eguilaz 326; Lokotsch 1311.

azuren: tiefblau → Azur.

B

Baldachin, der; -s, -e [arab. baġdād: Bagdad]: Betthimmel frz. baldaquin, it. baldacchino, sp. baldaquín, pg. baldaquino, ndl. baldakijn, engl. baldachin, baldaquin, mhd. baldakijn; dieses letzte ist die Bezeichnung für einen kostbaren, mit Goldfäden durchwirkten Seidenstoff aus Baldac, it. Baldacco, von arab. baġdād.

Als Bezeichnung für Thronhimmel, die mit solchen Stoffen bedeckt waren, sind Baldachine im Deutschen seit 1667 bezeugt. Als Zeichen der Würde erschien der orientalische Herrscher unter seinem von Würdenträgern getragenen Prachthimmel. Solche kamen im Frühmittelalter als Geschenke orientalischer Herrscher ins Abendland und wurden später durch die Kreuzzüge und den italienischen Handel mit dem Orient näher bekannt. In der Baukunst ist *Baldachin* ein kleines, von Konsolen oder Säulchen getragenes Dach über Figuren oder Nischen, vorzugsweise in der Gotik angewandt.

Dozy 234; Lokotsch 170; Wartburg 19.

Baobab, der; -s, -s [arab. bu-ḥubūb: Frucht mit zahlreichen Körnern]: Affenbrotbaum: Pflanzengattung in Afrika, Australien, Vorderindien, Ägypten mit gefingerten Blättern, aus den Blattwinkeln herabhängenden einzelnen Blüten, länglichen Früchten mit holziger Schale, mehligem Fleisch und zahlreichen Samen. Der sehr hohe Stamm dieses Baums weist im Alter die größte Dicke auf, die im Pflanzenreich bekannt ist. Das Wort erscheint bereits in dem Werk des italienischen Arztes Prospero Alpini: De plantis Aegypti liber (1592). Das arab. Wort lieferte auch frz. baobab.

Wartburg 36; Gamillscheg 81.

Barchent, der; -s, -e [arab. barrakān: Stoff aus Kamelhaar]: auf der linken Seite angerauhter Baumwollflanell.

Das arabische Wort lebt fort in frz. barracan, bouracan, sp. barragán, it. baracane (Ende 13. Jh.), ndl. barkan, engl. barrakan, mhd. barchant, barchent, barchat, barchet, barkân.
Das Wort gelangte von Spanien in die anderen europäischen Sprachen. Die Barchentweberei war früher in Deutschland bedeutender als heute. Am meisten verbreitet war sie in Schwaben, Bayern und Sachsen, ferner in Böhmen, Mähren und Niederösterreich.
Dozy 237; Lokotsch 250; Steiger 207; Wartburg 28.

Baten Kaitos [arab. baṭn qayṭūs: Bauch des Meerungeheuers]: eine im 13. Jahrhundert aufgekommene Bezeichnung für den 14. Stern des Cetus bei Ptolemäus.
Lokotsch 273.

Beduine, der; -n, -n [arab. bedwī, badwī, badawī: Wüstenbewohner]: die Beduinen sind die Nomaden Arabiens, Syriens und Nordafrikas. Heimat und Sitz ist Nedschd in Arabien. Sie sind die reinsten Vertreter des Arabertums.
Das arabische Wort lebt fort in frz. béduin, sp. pg. it. beduino, ndl. bedowijn, engl. beduin, russ. beduin, poln. bedew, bedawja.
Corom. 436; Devic 238; Littmann 367; Lokotsch 164; Wartburg 16.

Behennuß, die; -, ¨sse [arab. bān]: ölhaltige Frucht eines ostindischen Baumes. Das von dieser Nuß gewonnene Öl ist farblos oder hellgelb, geruch- und geschmacklos, läßt sich wie Olivenöl verwenden; es wird schnell ranzig, dient zu Parfümen, Pomaden, im Orient als Salböl, auch als feines Schmiermittel (Uhrmacheröl) und Speiseöl. Es galt in der mittelalterlichen arabischen Medizin als Heilmittel gegen Hautkrankheiten.
Das arab. Wort lieferte frz. pg. ben.
Gamillscheg 101; Lammens 48; Lokotsch 176; Wartburg 21.

Benetnasch [arab. banāt naʿš: Klageweiber, die hinter der Bahre

laufen]: ein im 10. Jahrhundert übernommener Name für die drei Deichselgestirne am Großen Wagen.
Lokotsch 1558.

Benzin, das; -s, -e [arab. lubān ǧāwī: Weihrauch aus Java]: Gemisch aus gesättigten Kohlenwasserstoffen, das als Treibstoff für Vergasermotore und als Reinigungs- und Lösungsmittel verwendet wird. Das Benzin wurde früher durch Erhitzen von Benzoe-Säure erzeugt. Arzneilich verwendete man das Benzoe-Harz bei Brustbeschwerden, Asthma, Rachitis, Katarrh und als mild reizendes Mittel bei Geschwüren. Durch den Handel mit den Katalanen kam das arabische Wort lubān ǧāwī ‚Weihrauch aus Java' – worunter Sumatra zu verstehen ist – nach Europa. Mit Wegfall der ersten Silbe und Imāla a > e entstand it. benjuì, mlat. benzoë, dt. Benzol. 1833 erfand Faraday die Herstellung von Benzin und nannte das Produkt bicarbure d'hydrogène; dieses wurde 1833 durch Mitscherlichs Neuschöpfung *Benzin* (aus Benzoe) ersetzt.
Dozy; Eguilaz 344; Littmann 86; Lokotsch 1332; Wartburg 109.

Benzoe, die, - → Benzin.

Berberitze, die; -, -n [arab. barbarīs: Sauerdorn]: gelbblühender Zierstrauch der Gattung Sauerdorn. Die Wurzel dient zum Färben des Leders und wird auch arzneilich benutzt. Das harte, gelbe Holz wird von Drechslern verarbeitet; die roten Beeren enthalten viel freie Apfelsäure und werden mit Zucker eingemacht. Die Araber brachten die Pflanze im 9. Jahrhundert nach Europa. Das arabische Wort wurde in die mlat. botanische Terminologie in der Lautform berberis aufgenommen. So bürgerte sich diese Form in den meisten romanischen Sprachen ein. Das arabische Wort lebt fort in frz. berbéris, it. bèrbero, sp. berberís, sp. arag. bérbero, engl. barberry.
Corom. 1, 343; Dozy 64a; Lokotsch 227; Wartburg 22.

Besan, der, -s, -e [äg.-arab. mazān: Mast, dessen Segel das Schiff in gleichmäßiger Fahrt erhält]: Segel am hintersten Mast.

Wie Admiral, Havarie, kalfatern und andere Marineausdrücke arabischer Herkunft ist *Besan* durch den Mittelmeerhandel dem Norden zugeführt.
Ältere Formen im Deutschen sind: missan (1487), Meisan (1636). Die Form mit dem anlautenden b erscheint erst im 16. Jahrhundert.
Das arabische Wort lieferte it. mezzana, frz. misaine, sp. mesana, dän. schwed. mesan, nnl. bezan, engl. mizen.
Weigand, 1, 211; Kluge 68; E. Öhmann 1940 Neuphilol. Mitt. 41, 148 f.; W. Stammler, Kl. Schriften 1954, 224.

Bezoar, der; -s, -e [arab. bāzahr: Bazoarstein < pers. bādzahr, pādzahr: Gegengift]: (in der Volksmedizin) Magenstein von Wiederkäuern.
Der Bezoar galt im Mittelalter als ein geheimnisvolles Schutz- und Heilmittel bei Vergiftungen. Obwohl Ambroise Paré bereits um 1570 auf Befehl von König Karl IX. an einem zum Tode verurteilten Verbrecher diese Ansicht experimentell widerlegt hatte, wurde der Bezoar noch bis Ende des 18. Jahrhunderts als Arzneimittel verwendet.
Das arabische Wort lebt fort in kat. betzar (1395), sp. bezaar, sp. pg. bezoar, frz. bézoar, it. bezzoar, belzuar, engl. bezoar, ndl. bezoar. Ältere Lautformen im Deutschen sind: Bezaar, Bezahard, Pa-Zahar.
Corom. 1, 454; Wartburg 32; Dozy 239; Eguilaz 2345; Lokotsch 1605.

Bohnenkaffee, der; -s, - [arab. bunn: Kaffee]: Aus der Beere des Kaffees, die arab. *bunn* heißt, machte die Volksetymologie die Bohne. Die meisten anderen europäischen Sprachen sagen nicht Kaffeebohne, sondern Kaffeebeere, so. frz. baie de café, it. seme del caffè, engl. coffee-berry.

Borax, der; - [arab. bauraq: Borax < pers. būrāh: borsaures Natron]: in großen Kristallen vorkommendes Natriumsalz einer Borsäure.
Der Name Borax kam bei den arabischen Alchimisten vor, die

ihn bei verschiedenen Zubereitungen zum Löten des Goldes anwandten. Libavius erwähnt 1595 seine Gewinnung aus *Tinkal.* 1818 begann in Frankreich die Herstellung von Borax aus Borsäure. Borax dient zum Löten, zur Herstellung von Glas, Email, Glas- und Porzellanfarben, Glasuren.
Vom arabischen Wort stammen sp. borraj, frz. borax, pg. borax, it. borrace, akat. borraix (1252), boraix (1455), ndl. engl. borax, mlat. borax; aus diesem letzten stammen spätmhd. buras, frühnhd. Boraß (1562). Daraus entstehen nhd. Bor, Borsäure, Borwasser.
Dozy 1, 74b; Gamillscheg 177; Littmann 90; Lokotsch 356; Wartburg 32; Kluge 91.

Borretsch, Boretsch, der; - (e)s [arab. abū ʿaraq: Vater des Schweißes]: als Salat und Gemüse dienendes Gartenkraut mit behaarten Blättern und hellblauer Blüte, Gurkenkraut, borago officinalis. Die Pflanze wächst in Südeuropa und Vorderasien. Sie wurde durch die arabischen Mediziner als schweißtreibendes Mittel verwendet. Daher der arabische Name abū ʿaraq ‚Vater des Schweißes'.
Vom mlat. borrago entlehnt it. borragine (14. Jh.), kat. borratja (seit 1412), sp. borraja (seit 1423), pg. borragem, frz. bourrache. Aus dem französischen Wort entlehnt spätmhd. burretsch, borretsch, nhd. Borretsch, Boretsch.
Corom. 1, 494; Gamillscheg 139; Lokotsch 13; REW 1412; Wartburg 1; Weigand 270.

Burnus, der; -ses, -se [arab. burnus: Burnus, Art Mantel]: weiter, meist weißer, mit Kapuze versehener Mantel der nordafrikanischen Beduinen; in Europa als Umhang nachgeahmt.
Seit Napoleons Feldzug in Ägypten und Frankreichs Invasion in Algerien 1830 läßt sich eine nachhaltige Entlehnung des arabischen Wortes bestätigen.
Das arabische Wort lebt fort in frz. burnous, sp. albornoz (seit 1536), kat. albernuč1366), sp. albarnoz (ca. 1500), it. brenuzio (Mitte 15. Jh.).
Lokotsch 365.

C

Café, das; -s, -s [arab. qahwa: Kaffee]: Kaffeehaus. Das Wort wurde im 19. Jahrhundert vom gleichbedeutenden frz. *café* übernommen. Ältester Beleg im Französischen ist 1601, im Deutschen 1833.
Das arabische Etymon lieferte frz. sp. pg. café, engl. coffee, ndl. koffie, russ. kofe, kofej, poln. kawa, türk. kahve, bulg. kahwe, serb. kafa.
Kretschmer 159; Schulz 1, 104, Littmann 82; Lokotsch 1005; Mahn 153; Wartburg 79.

Chamsin, der, -s, [arab. ḫamsīn: fünfzig]: Chamsin nennt man in Ägypten einen erschlaffenden Südwind, der besonders in den 50 Tagen auftritt, die der Tag- und Nachtgleiche im Frühling folgen. Er weht durchschnittlich an elf Tagen und kündigt sich durch drückende Schwüle und sinkenden Luftdruck an; die Hitze steigt schnell (in Kairo bis 43°) und die Feuchtigkeit sinkt stark. Das arabische Wort lieferte engl. kamsin, frz. khamsin, chamsin.
Devic 45; Lokotsch 807.

Charadsch, der; - [arab. ḫarāǧ: Grundsteuer]: im islamischen Recht die den Boden betreffende Grundsteuer der Nichtmuslime; in der Türkei hieß so der Tribut der christlichen Vasallenstaaten sowie die Sondersteuer im Reich, die 1856 durch Bedel (arab. badal: Militärbefreiungssteuer) abgelöst wurde. Heute ist das Wort im Deutschen nicht mehr bekannt.

Chemie, die; - [arab. al-kīmiyā': Chemie]: Wissenschaft von den Stoffen und den stofflichen Umwandlungen, ausgenommen die zur Kernphysik zählenden Umwandlungen von chemischen Elementen in andere.

Das arabische Wort stammt aus kopt. kēmi. Das letzte Wort bezeichnet das Land Ägypten mit Bezugnahme auf sein schwarzes Erdreich, dann aber auch das Schwarze im Auge, das Symbol des Dunkeln und Verborgenen. Chemie ist also ursprünglich die ägyptische oder geheime Wissenschaft, wie sie später noch die geheime oder schwarze Kunst genannt wurde.
Lokotsch 1157; Mahn 81/85; Pott, in: ZDMG XXX 6/20.

Chiffon, der; -s, -s [arab. šiff: durchsichtiger Stoff]: ein feines, durchsichtiges Gewebe aus Natur- und Chemieseide.
Das Wort ist im 19. Jahrhundert aus frz. chiffon ‚Fetzen, durchsichtiges Gewebe' entlehnt worden. Das französische Wort stammt vom arab. šiff ‚durchsichtiger Stoff, Gaze'.
Albert Danzert: Larousse étymologique (1971) 162; Devic 94; Lokotsch 1893.

Chiffre, die; -, -n [arab. ṣifr: Null]: Ziffer, Geheimzeichen, Kennwort, verschlüsseltes Schriftzeichen, Zahlzeichen, Namenszug.
Das Wort ist im 17./18. Jahrhundert aus frz. chiffre (afrz. cifre) entlehnt worden. Bis in den Anfang des 19. Jahrhunderts herrschte die ältere Lautform *Ziffer* ‚Zahlzeichen'. Im 18. Jahrhundert erscheinen *chiffrieren* ‚verschlüsseln', aus frz. chiffrer und *dechiffrieren,* aus frz. déchiffrer.
Das arabische Wort lebt fort in it. cifra ‚Null', chiffre ‚Geheimschrift', sp. pg. cifra ‚Zahlzeichen', sp. cero ‚Null', it. zero, frz. zéro, engl. cypher, cipher ‚Null, Geheimschrift, Zahlzeichen'.
K. Vollers, in: ZDMG LVII, 783/793; Littmann 76; Schulz 1, 111; Lokotsch 1894.

chiffrieren → Chiffre.

D

Dahabieh, die; - [arab. ḏahabiya: die Goldene]: langes, schmales Nilschiff mit Verdeck und Kajüte. Heute ist das Wort im Deutschen nicht mehr bekannt.

Damast, der; - (e)s, -e [arab. dimašq: Damaskus]: einfarbiges, feines Gewebe mit eingewebtem Muster. In Europa waren es die Italiener, die seit dem 15. Jahrhundert den Seidendamast nach orientalischen Mustern webten. Die Franzosen folgten nach und übertrafen die Italiener. Im 19. Jahrhundert blühte die Leinendamastweberei in Löbau, Zittau in Sachsen, in Bielefeld und in Salzwedel. Wolldamast kam im 19. Jahrhundert für Möbel- und Kleiderstoffe in Gebrauch.
Baldachin, Musselin, Alepin u. a. m. stammen auch aus Städtenamen.
Das arabische Wort lieferte frz. damas, it. damasco, damasto, pg. damascado, damasquillo, sp. damasco, engl. damask, ndl. damast.
Diez 117; Lammens 263; Gamillscheg 294; Lokotsch 476; E. Kumsch: Leinendamastmuster des 17. und 18. Jh. (1890); Kinzer und Walter: Theorie und Praxis der Ganzdamastweberei (1901).

Damaszener, m; -s, -: Stahl von Damaskus → damaszieren.

damaszieren, Vb. [arab. dimašq: Damaskus]: aus älterem *damaszenieren* vereinfacht; Eisen oder Stahl, besonders auf Degenklingen, flammig ätzen, nach einem in Damaskus erfundenen Verfahren. In Europa gelang es erst Clouet (1780–90), Bréant, Mille, Duc de Luynes (1835), Anosow (1844) und namentlich Crivelli (1820), Nachbildungen des Damaszener

Stahls zu erzeugen. Europäische Formen: frz. damasser, damasquiner, ndl. damasceeren.
Lokotsch 476.

Datura, die; - [arab. datūra: Stechapfel]: Stechapfel, eine Gattung giftiger Nachtschattengewächse. Die Pflanze enthält Atropin (Daturin) und Stramonin. Die Araber benutzten die Blätter gegen Asthma.
Littmann 84.

dechiffrieren, Vb. [arab. ṣifr: Null]: Geheimschrift entziffern, Klartext herstellen, eine schwer lesbare Handschrift lesen. Ggs. chiffrieren → Chiffre.

Dey *oder* **Dei,** der; - [arab. dāʿī: Aufrufer der muslimischen Gläubigen zum Heiligen Krieg]: einst Name der Herrscher von Algerien, die sich später Pascha nannten. Die Regierungen der Deys waren selten von langer Dauer, und die meisten starben eines nicht natürlichen Todes. Heute kommt das Wort im Deutschen selten vor.
Devic 33; Littmann 71; Lokotsch 460.

Diwan, der; -s, -e [arab. dīwān: Amtszimmer, von arab. dawwana: niederschreiben]: niedriges gepolstertes Ruhebett. Bis ins 19. Jahrhundert hat das Wort die Bedeutung von: 1. Sofa; 2. Staatsrat des türkischen Sultans; 3. eine Sammlung von Schriften, Gedichten. Nach orientalischem Vorbild nannte Goethe seinen Zyklus den „West-östlichen Divan".
Das arabische Wort lieferte sp. pg. aduana, kat. duana, it. dogana (seit 13. Jh.), doana, frz. diwan (16. Jh.), it. divano, engl. divan (16. Jh.).
Corom. 2, 182; Devic 104; Eguilaz 61; Littmann 89; Lokotsch 526; Wartburg 40.

Douane (ohne Artikel) [arab. dīwān: Kanzlei]: Heyses Fremdwörterbuch (1919) verzeichnet das Wort für: Zoll, Lagerhaus, Warenniederlage, die Gesamtheit der Zollwächter und Zollbeamten. Das arabische Wort lieferte it. dogana, pg. sp. aduana, fr. douane (1372). Heute ist das Wort veraltet. Nouveau dictionnaire étymologique, Larousse 1971.

Douanier, der; -s, -s: Zollbeamter, Grenzbeamter → Douane.

Dragoman, der; -s, -e [arab. targumān, turğumān: Dolmetscher aus Vb. tarğama: dolmetschen < assyr. targumanu: Dolmetsch]: Dolmetscher im Nahen Osten, besonders für Arabisch, Türkisch und Persisch. Im 19. Jahrhundert bezeichnete das Wort einen Dolmetscher für den Verkehr zwischen den Landesbehörden und den Gesandtschaften und Konsulaten im Orient.
Das Wort kam im 12. Jahrhundert aus Ägypten, wo *ğ* als *g* gesprochen wird; hieraus frz. drogoman, drogman, trucheman, it. dragomanno, trucimanno, kat. sp. dragomán, trujaman, pg. dragomano, engl. dragoman, nd. dragoman, mhd. trâgemunt, nhd. Dragoman, (älter) Drutzelmann, Trutschelmann.
Eguilaz 508; Kluge 140; Lokotsch 2033.

Dragon, das; -s → Estragon.

Dragun, das; -s → Estragon.

Druse, der; -n, -n [arab. drūz, Pl. von durzī: Druse]: Angehöriger einer islamischen Sekte in Syrien und im Libanon, nach dem Gründer Ad Darazi, der die Sekte 1012 n. Chr. gründete.

Dschalabija → Gallabiya.

Dschami, die; - [arab. ğāmiʿ: Versammlungshaus]: große Moschee. Das Wort ist heute unbekannt.

Dschebel, der; -s, - [arab. ğabal: Berg]: Berg, Gebirge, Bergspitze, oft in geographischen Namen, z. B. Dschebel Tariq ‚Gibraltar'.

Dschellaba, die; -, -s [arab. ǧullāba: Gewand]: weites arabisches Männergewand.

Dschihad, der; - [arab. ǧihād: Anstrengung, Kampf]: Heiliger Krieg, eine religiöse Pflicht für alle freien, erwachsenen Muslime, wenn sie von einem Muslimherrscher ausgerufen werden; heutzutage besonders, wenn ein islamisches Land von Nichtmuslimen überfallen wird. Die Einwohner der eroberten Länder haben die Wahl zwischen 1) der Annahme des Islam, wodurch sie Gleichberechtigung erlangen; 2) der Bezahlung einer Kopfsteuer (arab. ǧizja) als Garantie für den Schutz (arab. amān) und für die Erlaubnis zur Ausübung ihrer Religion.

Dschinn, der; -s, -en [arab. ǧinn: Dämon]: im vorislamischen Arabien: Teufel, böser Geist, Dämon, Quälgeist. Die Dschinnen spielen eine große Rolle in den arabischen Volkserzählungen. Besondere Arten sind Ifrīt und Ġhūl. Auch im Koran sind sie an mehreren Stellen erwähnt.

Dschubbe, die; -, -n [arab. ǧubba: Männeroberkleid]: schlafrockähnliches Oberkleid der Araber.

Duar, der; -s [arab. dawwār: großes Haus]: in Nordafrika Zeltkreise der arabischen Horden, in deren Nähe sich die Herden befinden. Das Wort ist heute untergegangen.
Lokotsch 902

Dum, der; - [arab. daum: Fortdauer]: Palmbaum in Oberägypten, der die Dumfrüchte liefert.

Durra → Durrha

Durrha, die; - [arab. ḏura: Negerhirse]: eine besonders für afrikanische Volksstämme wichtige Getreidesorte, auch Neger- oder Kaffernkorn genannt. Durrha dient hauptsächlich zur Mehlbereitung, in Südwestafrika auch zur Herstellung von

Bier. Die entkörnten Fruchtrispen werden in Südtirol zur Anfertigung der sogenannten Reiserbesen verwendet. In Ägypten wird aus Durrha Brot gemacht.

E

Ebenholz, das; -es, ¨er [arab. abanūs: Ebenholz]: dunkelfarbige, harte, schwere Hölzer von dichtem Gefüge und schöner Polirturfähigkeit. Der Name ist eine verdeutlichende Zusammensetzung zu mhd. ebēnus ‚Ebenbaum, Ebenholz' aus gleichbed. lat. ebenus, das über griech. ébenos auf arab. abanūs (Nebenform abinūs, abnūs) zurückführt.
Die Araber kannten es als Luxusholz und benutzten es als Heilmittel gegen phlyktänöse Augenentzündung und chronischen Augenkatarrh.
Im 18. Jahrhundert war das Ebenholz in Deutschland als Heilmittel bekannt. „Wo Säure im Magen oder selbiger sehr schwach ist, thut es besonders großen Nutzen, tödtet die Bauch-Würmer, und treibet sie fort, lindert die Colic, stillet Choleram, machet einen guten Atem, stetig gekäut, und widerstehet dem Gift, wiewol der frische Saft dieses Baums vor giftig gehalten wird ... Wenn man dieses Holz pulverisieret, und auf gewisse Art präparieret, hernach auf faulend Fleisch streuet, zernaget es dasselbige auf eine wunderbare Art und ohne Schmerz." Zedler, I, 739, Halle und Leipzig 1732.
Corom. 1, 211; Wartburg 1; Lokotsch 3.

Elemi, das; – [arab. al-lāmī: Art Weihrauch]: in Medizin und Technik verwendetes Harz einer bestimmten Gruppe tropischer Bäume.
Mit Imāla (a > e) lieferte das arabische Wort die europäischen Lautformen: pg. gummi leme, sp. elemi, frz. élémi (1573), engl. elemi (16. Jh.).
Elemi wird in Indien zu rituellen Räucherungen, als Heilmittel und zur Herstellung duftender Salben verwendet.

Seit dem 16. Jahrhundert wird Elemi in Europa häufig als Räucher- und Wundheilmittel sowie zur Salbenbereitung verwendet. Das Elemiharz enthält ätherisches Öl, Harz, einen alkoholartigen Körper Amyrin, Elemisäure u. a. m. Heute wird es in der Technik zur Herstellung von Öllacken und als Ersatz von Aquarellfarben benutzt.
Devic 108; Lammens 263; Lokotsch 1304; Dozy 259; Corom. 2, 221; Wartburg 106.

Elixier, das; -s, -e [arab. al-iksīr: Quintessenz, Stein der Weisheit]: Heiltrank, Zaubertrank; Verjüngungsmittel, weingeist- od. weinhaltige Mixtur oder Tinktur mit Zusätzen von ätherischen Ölen, Pflanzenauszügen o. ä.
Das arabische Wort lieferte mlat. exir, alexir, elixir. Diese letzte Form ist dann in die europäischen Sprachen gedrungen: sp. pg. rum. elixir, it. elissire, elisire, frz. élixir.
Elixiere waren bis zum Ausgang des 19. Jahrhunderts in den deutschen Apotheken vorrätig. Sie entsprechen den heutigen zusammengesetzten Tinkturen, die tropfenweise gegeben werden. Im Mittelalter glaubten die Alchemisten, mit Elixieren Gold und Silber herstellen zu können. Diese Elixiere galten auch als Allheilmittel und sollten verjüngen und das Leben verlängern.
Lammens 104; Gamillscheg 355; Corom. 2, 222; Devic 33; Mahn 94; Lokotsch 903.

Emir, der; -s, -e [arab. amīr: Befehlshaber, Prinz]: Befehlshaber; Prinz; Fürst; Titel unabhängiger islamischer Stammeshäuptlinge.
Das arabische Wort ist mit Imāla (a > e) in die europäischen Sprachen übergegangen: sp. emir, frz. émir (13. Jh.), engl. emir (17. Jh.).
Der Kalif nannte sich früher Amīr-al-Mu'minīn, ‚Emir der Gläubigen'. Die ersten Fürsten im Islam, die den Titel *Emir* führten, waren die Omaijaden von Córdoba. Die Beherrscher der Osmanen vertauschten den Titel Emir erst seit 1473 mit „Sultan". In neuerer Zeit bezeichneten sich die Fürsten von

Afghanistan, die Drusenfürsten und 1921 die Herrscher von Transjordanien als Emire.
Lokotsch 69a; Lammens 105; Littmann 79; Gamillscheg 359.

Estragon, der; -s [arab. ṭarḫūn: Estragon]: eine Pflanzenart der Gattung Beifuß. Ihre Heimat ist Sibirien. Sie ist zur Zeit der Kreuzzüge nach Europa gekommen. Der Estragon ist ein beliebtes Küchengewürz. Mit Speiseessig aufgesetzt, gibt er den würzigen Estragonessig, mit Senf den Estragonsenf.
Das arabische Wort lieferte mlat. tarcon (13. Jh.), das zuerst in medizinischen Texten auftritt, sp. taragona (seit 1592), siz. straguni, neap. stregoni, venez. erba stragon, sp. estragón (seit 1762), frz. estragon (seit 1564).
Lokotsch 2034; Eguilaz 392; Dozy 348; Corom. 2, 440; Ahmed Issa Bey 22, 5; Wartburg 184.

F

Fagaraseide, die; - [arab. fağār: eine Baumart]: Naturseide eines wildlebenden Seidenspinners. Auch frz. fagara (1598).

Fakir, der; -s, -e [arab. faqīr: arm]: ein armer Mensch, der weniger materielle Hilfe als vielmehr den Beistand Gottes und seine Barmherzigkeit benötigt; Angehöriger einer religiös asketischen Sekte, insbesondere asketisch lebender indischer Büßer; Bettelmönch. In Europa versteht man unter *Fakir* vorwiegend den fanatischen wandernden Büßer Indiens, der mit struppigem Haar und fast nackt, sich, Gott wohlzugefallen, die schmerzhafteste Selbstpeinigung auferlegt. Unter den Fakiren finden sich jedoch auch ernsthafte Mitglieder religiöser Orden wie die Yogis. Das arabische Wort kam über Indien nach Europa. Es lebt fort in frz. fakir, faquir (17. Jh.), engl. fekir, it. fachiro.
R. Schmidt: Fakire und Fakirtum im alten und modernen Indien (1908); Wiedenmann: Die indischen Fakire (1921); S.

Lindquist: Siddhi und Abhinna. Studien über die klassischen Wunder des Yoga (1935); Lokotsch 573.

Fanfare, die; -, -n [arab. farfār: geschwätzig]: ein festliches Trompetensignal im Dreiklang. Auch Angriffssignal der Kavallerie; Tusch.
Das Wort ist eine Entlehnung vom frz. fanfare, postverbales Substantiv von farfarer (16. Jh.) ‚Trompeten blasen'. Dieses ist abgeleitet von fanfaron ‚Prahler', das aus sp. fanfarron entlehnt ist. Letzte Quelle ist arab. *farfār* ‚geschwätzig'. Frühester Nachweis im Deutschen 1760.
Kluge 183; Lammens 111.

Fata Morgana, die; -, -: Luftspiegelung bes. in Wüstengebieten, aus gleichbedeutendem it. fata morgana, dessen erster Bestandteil „Fee" bedeutet, während der zweite der arabische Mädchenname Morgana (arab. morgāna: eine Koralle) ist. Auf diese arabische Figur führt der Volksglaube die Naturerscheinung der Luftspiegelung zurück.
Kluge: Etymologisches Wörterbuch 1989; Weigand: 1, 506.

Fedajin, die (Pl.), [arab. fidā'iyūn: die sich Opfernden]: schon im Mittelalter im arabischen Orient aufkommende Bezeichnung für Angehörige politischer Untergrundorganisationen. Heute bezeichnen sich die arabischen Freischärler als Fedajin.
A. Hottinger: Die Rolle der Fedajin in der arabischen Politik (In: Europa-Archiv 24 [1969], 863).

Feddan, der; - [arab. faddān: Flächeneinheit]: ägyptisches Feldmaß zu 24 Kirāt = 42 a.

Fellache, der; -n, -n [arab. fallāḥ: Pflüger, aus Vb. falaḥa: den Boden spalten, bearbeiten]: Angehöriger der ackerbauenden Landbevölkerung im Vorderen Orient, besonders in Ägypten. Außer in Nordafrika, wo sich Berbersprachen erhalten haben, sprechen die Fellachen arabisch. Sie sind Muslime, jedoch gibt

es unter ihnen in Ägypten, Palästina und im Irak starke christliche Minderheiten.
Lammens 115; Littmann 67; Lokotsch 580.

Feluke, die; -, -n [arab. felūka: eine Art Schiff]: kleines, galeerenähnliches Fahrzeug im Mittelalter, durch Segel zu bewegen, gewöhnlich mit zwei nach vorn geneigten Masten und lateinischen Segeln. Das Wort ist eine Entlehnung aus frz. felouque (1606), vom it. feluca ‚Kleines Ruderschiff', das auf arab. felūka zurückgeht.
Lammens 115; Gamillscheg 420; Lokotsch 831.

Fes, der; -es, -e [arab. fās: Hauptstadt von Marokko]: im Vorderen Orient übliche Kopfbedeckung: eine dunkelrote, wollene, nahtlose, mit einer Quaste gezierte Mütze in Gestalt eines niedrigen, sich nach oben verjüngenden Kegelstumpfs. Früher wurden Fese in der Stadt Fes in Marokko hergestellt. „Nach der Eroberung Konstantinopels durch die Türken (1453) fand der Fes über Venedig Eingang in die männl. und weibl. Tracht Italiens, zunächst als Kopfbedeckung der Dienerschaft. Der Fes mit schwarzer oder blauer Quaste je nach Rang des Trägers wurde 1832 durch Sultan Mahmud II. für die türk. Staatsbeamten und Soldaten anstatt des Turbans eingeführt. 1962 wurde der Fes in der Türkei verboten. 1953 ist er auch in Ägypten verschwunden. Der Fes ist heute noch in den Trachten auf dem Balkan beliebt; in Albanien tragen Frauen und Mädchen mit Perlen bestickte F. In beutelartiger Form mit großer Quaste gehört er zur griechischen Nationaltracht." Brockhaus Enzyklopädie (1968) 6, 182.

Fetwa, das, -s -s [arab. fatwa: Rechtsgutachten aus aftā: durch Rechtsgutachten entscheiden]: die formelle gesetzliche Auskunft des Mufti in Beantwortung einer Frage, die ihm entweder von einem Richter oder einer Privatperson vorgelegt worden ist. In der Türkei war das Fetwa auch die Bekräftigung eines Urteils vom Großwesir, ohne die die Todesstrafe nicht verhängt werden konnte. Das oberste Amt für Fetwas in der Türkei war

bis 1924 das Fetwa-Han ‚Fetwa-Haus' in Konstantinopel, dem der Scheichu l-islām vorstand. In der modernen Türkei besteht die Fetwa-Erteilung nur bei Gerichten weiter.
Devic 120; Lokotsch 602.

Fikh, das; - [arab. fiqh: Verstehen, Einsicht, Vernünftigkeit]: Fähigkeit, auf eigener Meinung begründete Rechtsentscheidungen zu treffen, wenn bei auftretenden Gesetzesfragen die religiöse Überlieferung des Islam versagte und Präzedenzfälle fehlten. Seit dem Abschluß der großen juristischen Systeme bezeichnet *Fikh* gewöhnlich die Rechtswissenschaft im allgemeinen.

Firenk, od. **Ferenk** od. **Frank** (Pl.) [arab. firinğa: Europäer]: ehemals bei den Arabern und Türken übliche Bezeichnung für Europäer. Heute ist das Wort im Deutschen unbekannt.

Fomalhaut [arab. fumm al-ḥūt: Maul des Wals]: ein Stern 1. Größe im Sternbild des südlichen Fisches (in Mitteleuropa nur im Herbst tief im Süden sichtbar). Vom arabischen Wort entlehnt sind frz. fomalhaut, sp. fomalhant, fomalhante.
Lokotsch 615; Devic 121.

G

Gabele, die, -, -n [arab. qabāla: Steuer]: Steuer; Abgabe; Zoll. In Deutschland gab es früher eine *Gabelle hereditaria* ‚Erbschaftsgeld', eine *Gabelle emigrationis* ‚Nachsteuer' und eine *Gabelle immigrationis* ‚Einzugsgeld'. Im Italienischen und Französischen wurde damit besonders die Salzsteuer bezeichnet.
Das arabische Wort lebt fort in mlat. gabella, sp. alcabala, alcavala, gabela, pg. alcavala, gabella, it. gabella, frz. gabelle.

Gala, die; - [arab. ḫilʿa: Ehrengewand, das morgenländische Herrscher ihren Günstlingen schenken]: Festkleidung, Hoftracht.
Das arabische Wort gelangte im 17. Jahrhundert ins Deutsche über sp. gala ‚Kleiderpracht'. Die europäischen Formen sind: it. gala, sp. frz. engl. gala, türk. halat, rum. halat, serb. halyna. Im Deutschen erscheint seit 1601 die Form Galan ‚Liebhaber, Buhler' aus dem spanischen Adjektiv galano ‚höfisch, artig, in Gala gekleidet'.
Lokotsch 864; Kluge 228; Schulz 1, 231.

Galan, der; -s, -e → Gala.

Galgant, der; -(e)s [arab. ḫalanǧān]: Gewürz und Arzneidroge aus dem Wurzelstock eines südasiatischen Ingwergewächses. Galgant gehört zu den die Schleimhaut und Nerven des Magens anregenden Mitteln, bewirkt auch stärkere Speichelabsonderung, ist daher ein Bestandteil der aromatischen Tinktur. Die Bauern pflegen den Galgantwurzelstock in die Branntweinflaschen zu geben.
Schon früh kannten die Araber diese Pflanze und brachten sie nach Europa. „In der Tat wird der Galgant von *Ibn Ḫurdāba* um 875 als chinesisches Erzeugnis erwähnt; er muß vor dem 12. Jahrhundert durch Vermittlung der Araber bis nach Deutschland gekommen sein, da schon die Heilige Hildegard von Bingen 1179 eine Abhandlung über ‚die medizinischen Vorzüge des Galgant' geschrieben hat." Lokotsch 795.
Das arabische Wort lieferte sp. pg. galgana, afrz. galange, garingal, frz. galanga, engl. galingale, ahd. mhd. galgan.
Lammens 122; Littmann 81, 83, 134; Lokotsch 795.

Gallabiya auch **Dschallabiya,** die; -, -s [arab. galābiya ‚Gewand']: langes, hemdartiges Baumwollgewand der Araber. Das Wort kam aus Ägypten, da das Wort im Hocharabischen ǧilbāb heißt.

Gamasche, die; -, -n [arab. (ǧild) ġadāmasīy: Leder aus Ghada-

mes (einer Stadt in Libyen)]: Leder, Stoff- oder Kunststoffbekleidung der Beine, über dem Strumpf getragen.
In der tripolitanischen Stadt Gadames an der algerischen Grenze wurde ein besonders weiches Leder hergestellt und nach Spanien ausgeführt. So wurde aus arab. (ǧild) ġadāmasīy ‚Leder aus Gadames' sp. guadamací ‚gepreßtes Leder', woraus im 16. Jahrhundert frz. gamache ‚Überstrümpfe' und 1615 Gamaschen entstand. Die hohen Gamaschen, die unter Friedrich Wilhelm getragen wurden, wurden schnell von allen europäischen Armeen übernommen. Erst seit dem Vordringen des Sportanzugs kamen die Gamaschen aus der Mode. – *Gamaschendienst:* pedantischer, kleinlicher Dienstbetrieb (von den vielen Knöpfen an den Militärgamaschen des 18. Jahrhunderts).
Littmann 74; ZRP 51; Gamillscheg 466; Lokotsch 633; Trübner 3, 10; Wartburg 50; Borchardt-Wustmann-Schoppe; Lokotsch 633.

Gamaschendienst, der, sinnloser Kasernendrill → Gamasche.

Gambit, das; -s, -s [arab. ǧānibī: seitlich]: im Schachspiel eine Spieleröffnung, bei der ein Bauer zur Öffnung freier Angriffslinien ohne Ersatz preisgegeben wird. Das Gambit ist angenommen, wenn der Gambitbauer geschlagen, abgelehnt, wenn er nicht geschlagen wird.
Lokotsch 661.

Gaze, die; -, -n [arab. qazz: Rohseide]: durchsichtiger, schleierartiger Stoff mit weitem Abstand der Kett- und Schußfäden, aus verschiedenen Stoffen (Seide, Baumwolle, Leinen) oder Metalldrähten (für Fliegennetze).
Aus dem frz. gaze ‚Flockenseide' entlehnt, das vom arab. qazz ‚Rohseide' stammt, erscheint das Wort 1693 im Deutschen als Gaße, Gase. Diez 595 will den Namen des Stoffes auf den Namen der Hafenstadt *Gaza* in Südpalästina zurückführen. Lokotsch 702 findet diese Etymologie rein willkürlich, da in der Stadt Gaza keine Textilindustrie nachgewiesen sei. Er will

Gaze auf arab. qazz ‚Rohseide' zurückführen, eine Etymologie, die wir auch gerne annehmen.
Corom. 2, 703; Littmann 94; Diez 595; Heyd 2, 649; Lokotsch 702; REW 3710.

Gazelle, die; -, -n [arab. ġazāla: Gazelle]: Gattung zierlicher Antilopen Afrikas und Asiens. Der arabische Name lautet in der nordafrikanischen Aussprache ġazela. Die romanischen Formen pg. gazela, it. gazzella, rum. gazela, sp. gasela (seit 16. Jh.), frz. gaselle (seit 13. Jh.), ebenso engl. gazelle (17. Jh.), sp. gacela, it. gazella, dt. Gazelle (seit 1563) entsprechen der nordafrikanischen Aussprache mit Imāla (a > e).
Lammens 123; Littmann 79; Gamillscheg 473; Lokotsch 699; Trübner 3, 32.

Ghasel, das; -s, -e [arab. ġazal: verliebte Worte, Liebespoesie]: Gedicht einer von den Arabern ausgebildeten Form, bei der alle geraden Zeilen den Reim des ersten Verspaars aufnehmen, während die übrigen Zeilen reimlos bleiben. Die Zahl der Verse ist 10–20, höchstens 30. Nach dem Reim selbst wird oft ein einzelnes bedeutsames Wort, ja ein kleiner Satz wiederholt. Inhaltlich stellt sich das Ghasel als Lobgesang, als Liebes- und Trinklied, auch als religiöse Hymne, dar. Diese Gedichtform wurde von Friedrich Schlegel (1803), später auch von Platen und Rückert eingeführt. Goethe ahmte sie in einigen Gedichten im „Westöstlichen Divan" frei nach.

Ghasi, der; - [arab. ġāzī: Kriegsheld, Sieger]: ehemals Titel türkischer Feldherren und Herrscher; muslimischer Ehrentitel. Heute ist das Wort im Deutschen unbekannt.

Gibli, der; - [arab. qiblī: Süd(wind)]: vorwiegend in Nordafrika (besonders an der libyschen Küste) auftretender trockener, staub- und sandführender Wüstenwind.

Gibraltar [arab. ǧabal aṭ-Ṭariq: Berg von Tarik]: Vorgebirge an der S-Spitze Spaniens, genannt nach dem arabischen Feldherr

Aṭ-Ṭāriq, der im Jahre 711 die Westgoten bei Jérez de la Frontera schlug, und Spanien eroberte.

Gilet, das; -s, -s [arab. (algerisch) ǧalika: Gewand der Christen in maurischer Gefangenschaft]: Weste. Das Wort ist heute veraltet; es ist nur noch in Österreich und in der Schweiz gebräuchlich.
Das Wort gelangte ins Deutsche über frz. gilet (17. Jh.) aus sp. gileco, jileco, das aus algerisch-arab. ǧalika stammt.
A. Dauzart: Nouveau dictionnaire étymologique, 1971.

Giraffe, die; -, -n [arab. zarāfa, zurāfa: Giraffe]: in den Savannen Afrikas in Herden lebendes, großes Säugetier mit sehr langem Hals, stark abfallendem Rücken und kurzhaarigem, unregelmäßig braungeflecktem, sandfarbenem Fell, das sich vorwiegend von Blättern und Zweigen ernährt, die es von den Bäumen frißt. Das Wort tritt zum ersten Mal in der Form *schraffa* (unmittelbar aus dem Vulgärarabischen) um 1270 im Jüngeren Titurel, Str. 60, auf. Frühere Formen, wie schraffe, seraph, seraff, zeigen unmittelbare Beziehungen zum Arabischen. In den Reisebeschreibungen des 15. und 16. Jahrhunderts kommt die Form *seraph* häufig vor. Seit dem 16. Jahrhundert erscheint die Form *Giraff,* die auf eine Vermittlung von it. giraffa weist.
Europäische Formen sind: frz. girafe, it. giraffa, kat. sp. pg. girafa, engl. ndl. giraffe, serb. žirafa.
Julius Cäsar brachte im Jahre 46 die erste lebende Giraffe in einem Triumphzug nach Rom. Lebende Giraffen kamen im 16. Jahrhundert nach Europa. Früher kannte man sie in Europa durch Erzählungen der Kreuzfahrer. Giraffen sind zuerst 1844 in Menagerien nach Deutschland gekommen.
Diez 165; REW 9602; Lammens 127; Littmann 79; Lokotsch 2234.

Gitarre, die; -, -n [arab. qīṯāra < griech. kithára: Zither]: Zupfinstrument mit sechs Saiten.
Die Gitarre kam im 13. Jahrhundert durch die Araber nach Spanien. Um 1600 war sie auch in Deutschland bekannt, geriet

aber langsam in Vergessenheit, bis die Herzogin Anna Amalia von Sachsen-Weimar sie 1790 als ein vermeintlich neues Instrument aus Italien mitbrachte. Erst in der Romantik gelangte die Gitarre zu größerer Bedeutung. Heute findet die Gitarre als Melodie- und Begleitinstrument in der Unterhaltungs-, Jazz- und Popmusik breite Verwendung.
Kluge 259; E. Schroen: Die Gitarre und ihre Geschichte (1879); E. Biernath: Die Gitarre seit dem 3. Jahrtausend v. Chr. (1907); Zuth: Handbuch der Laute und Gitarre (1926); Zeitschrift für die Gitarre (seit 1921).

H

Hadith, der od. das, - [arab. ḥadīṯ: Überlieferung, Gespräch]: die Hadith sind die gesammelten und geordneten Überlieferungen über die Taten und Worte des Propheten. Diese stellen nach dem Koran die zweite Quelle der islamischen Lehre und Rechtsprechung dar. Die Echtheit des einzelnen Hadith muß durch eine Kette von Übermittlern (Isnād) sichergestellt sein, die sich vom Kompilator ganz klar über eine oder mehrere Personen zurückverfolgen läßt.
Sayyid Qutb: Dieser Glaube der Islam, S. 154.

Hadschi, der; -s, -s [arab. ḥāǧǧ: Mekkapilger]: Pilger, der die Pilgerfahrt nach Mekka und Medina unternommen hat und daher besondere Verehrung in der islamischen Gemeinde genießt. Der Hadsch (die Pilgerfahrt) ist die dritte der religiösen Verpflichtungen eines Muslims. Für jeden Muslim ist es Pflicht, sich einmal im Leben nach Mekka zu begeben. Wer nicht die Mittel zur Durchführung der Pilgerfahrt hat, ist davon befreit.
Muhammad Hamidullah: Der Islam (1968); Lokotsch 777.

Hafis, der; - [arab. ḥāfiẓ: Bewahrer]: Ehrentitel in den islamischen Ländern für denjenigen, der den Koran auswendig weiß. Heute kommt das Wort im Deutschen selten vor.

Haik, das od. der; -s, -e [arab. ḥā'ik: Mantel]: Kleidungsstück aus Wolle oder Baumwolle, das die Araber in Nordafrika beim Verlassen des Hauses überwerfen. Das Wort ist heute im Deutschen nicht mehr bekannt.
Das arabische Wort lebt in frz. haik (1840).

Hakim, der; -s, -s [arab. ḥakīm: Weiser]: Arzt, Gelehrter, Weiser im Orient. Hakim-Baschi (türk. Oberarzt) war der Titel des ersten Leibarztes des Sultans in Konstantinopel. Heute kommt das Wort im Deutschen selten vor.

Halfa, auch **Alfa,** die; - [arab. ḥalfa]: sie ist die Faser von dem in Marokko, Tunesien und Algerien in großer Menge wachsenden Espartogras, die zur Korbflechterei, als Durchzugsstroh der Virginiazigarren und besonders zur Papierherstellung verwendet wird.
Das arabische Wort lebt in prov. aufo, afrz. auffé, frz. alfa (19. Jh.), frz. halfa.
Vivarez: L'halfa, Étude industrielle et botanique (1886); Trabut: Étude sur l'halfa (1887); Lokotsch 796; Devic 47.

Halwa, das; -s [arab. ḥalwā: Süßigkeit]: Süßspeise aus geröstetem Sesamsamen, Honig, Zucker, Butter, Nüssen, Mandeln und feinem Weizenmehl.

Hamada, die; -, - [arab. ḥammāda: die Unfruchtbare]: Steinwüste, Felswüste in der Sahara, besonders im Westen, wie die Hamada el-Homra (die rote Hamada) südlich von Tunis. Heute kommt das Wort im Deutschen selten vor.

Hammam, der; -s, -s [arab. ḥammām: Bad]: das Bad in den arabischen Ländern und in der Türkei. Dort werden die Gäste erst massiert, dann mit einem Filzhandschuh abgerieben und gründlich eingeseift. Das arabische Wort kam über die Türkei nach Europa.

Harem, der; -s, -s [arab. ḥaram: geheiligter Bezirk; Ehegattin]: 1. streng abgeschlossener Teil des islamischen Hauses, der nur

von den Frauen bewohnt wird; 2. Gesamtheit der im Harem wohnenden Frauen; 3. Frauen, Freundinnen, die ständig um einen Mann herum sind.
Das arabische Wort kam in den ersten zwei Bedeutungen im 18. Jahrhundert über türk. *harem* nach Deutschland. Ursprünglich bedeutet das Wort ‚das Unzugängliche' und bezeichnet damit den für Fremde verbotenen Frauenraum im islamischen Orient.
Das arabische Wort lieferte sp. harén, pg. frz. engl. harem, türk. harem, rum. harem, it. arem.
Lammens 132; Littmann 64; Lokotsch 819; Gamillscheg 517.

Harmel(raute), die; -, -n [arab. ḥarmal: Harmelraute]: eine weißblütige, strengriechende Steppenstaude. Diese Pflanze wächst hauptsächlich im südlichen Teil des Mittelmeergebiets und in Spanien. Aus dem Samen der Harmelraute wird ein Stoff, das Harmalin, gewonnen, das im Orient vielfach zum Färben von Geweben verwendet wird.
Das arabische Wort lieferte sp. (al)harma, (al)harmaga, mlat. harmala, frz. harmale, pg. harmala, kat. armalá, it. armora.
Lammens 264; Gamillscheg 518.

Hasard(spiel), das; -s, -e [arab. az-zahr: der Spielwürfel]: ein Glücksspiel.
Das arabische Wort az-zahr ‚Spielwürfel' lieferte afrz. hasart (12. Jh.), frz. hasard ‚glücklicher Wurf, Zufall', daraus mhd. has(e)hart (13. Jh.), sp. azar. Das Wort scheint nach der mittelhochdeutschen Zeit in Vergessenheit geraten zu sein und taucht erst im 17. Jahrhundert wieder auf mit der Bedeutung, die das frz. hasard, jeu de hasard seit dem 15. Jahrhundert entwickelt hat: Wagnis, Gefahr, da bei diesen Spielen oft mit hohem Einsatz gespielt wurde. Nach Gamillscheg kommt das *h-*, das im Französischen an das Wort antritt, daher, weil die Schreiber im Mittelalter besonders bei Fremdwörtern ein *h-* vor den Anfangsvokal setzten.
Diez 32; Mahn 6; Wartburg 203; Dozy 224; Corom. 1, 347; Lokotsch 2186.

Haschisch, der; -[arab. ḥašīš: Gras]: ein aus dem indischen Hanf gewonnenes Rauschmittel, das in Indien und im Orient entweder als gepulvertes Kraut oder als Extrakt eingenommen wird. Er wird auch oft, mit Tabak gemischt, in Zigaretten geraucht und mit Kaffee getrunken. In Ägypten wird der Haschisch in Tafelform oder Backwerk als Reizmittel zur Wollust genossen. „In Syrien steht der Hašiš, ein berauschendes Hanf- oder Mohnpräparat, welches unvermengt genossen oder dem Tabak beigemengt wird, bei den niederen Ständen in Gunst. Das Schimpfwort ḥaššāš entspricht unserem ‚Trunkenbold'. Keineswegs ist das Laster des Haschischrauchens derart verbreitet wie bei uns der Genuß der Spirituosen. Weit mehr als in Syrien und Mesopotamien ist das Hanfrauchen in Ägypten verbreitet. In Marokko wird der Hanf kīf genannt, klein gehackt und mit Tabak vermischt oder auch unvermengt in winzig kleinen Tonköpfen aus etwa 1 Fuß langen Pfeifen sehr viel geraucht." Max Freiherr v. Oppenheim, Vom Mittelmeer zum Persischen Golf I, 74.

Das arabische Wort lieferte auch frz. hachiche (1556).

Lokotsch 839; A. Dauzart: Nouveau dictionnaire étymologique (1971).

Havarie, die; -, -n [arab. ʿawār: Schaden]: Bezeichnung für Schäden und Unkosten, die während einer Seereise Schiff und Ladung treffen.

Das arabische Wort ist über die mittelalterlichen Seehandelswege seit dem 12. Jahrhundert ins Katalanische und Italienische eingewandert. Vom it. avaria ist das Wort in fast alle europäischen Sprachen gelangt. Das h- in der deutschen Form ist ein Ersatz für den von den Europäern nicht sprechbaren arabischen Buchstaben ʿain. Der deutsche Begriff erinnert an das Wort Hafen.

Das arabische Wort lieferte frz. avarie (1200), sp. avería, haberia, pg. avaria, ndl. avarij, averij, engl. average.

Littmann 97; Lammens 32; FEW 189b; Devic 50; Dozy 22; Lokotsch 138.

Hedschra, auch **Hidschra,** die; - [arab. hiğra: Auswanderung]: die Auswanderung Mohammeds von Mekka nach Medina am 15. od. 16. Juli 622 (erster Muḥarram des Jahres 1 der Hedschra) wurde 17 Jahre später als Beginn der islamischen Zeitrechnung vom Kalifen Omar eingeführt. A.H. bedeutet: Anno Hidschrae „im Jahre nach der Hedschra".
Das arabische Wort lieferte frz. hégire (16. Jh.), it. egira, sp. hegira, pg. hégira, engl. ndl. hegira.
Lokotsch 863.

Henna, die; - [arab. ḥennā']: rotgelblicher Farbstoff, der aus den zerriebenen Blättern und Stengeln des Hennastrauches gewonnen und u.a. zum Färben von Haaren verwendet wird. Schon im alten Ägypten färbte man Haare, Finger- und Zehennägel, Hand- und Fußflächen sowie andere Körperteile mit Henna. Die Araber brachten im Mittelalter die Henna mit nach Europa. Bei Zedler 1, 1055 findet man die Gebrauchsanweisung: „Man weichet es in Wasser, bestreichet damit die Hände oder einen anderen Theil des Leibes, lasset es hernach trocken werden, darauf reibet man es ab, so findet sich der bestrichene Theil, nachdem der Teig starck gewesen, entweder Pomeranzenfarb, oder schwarz, welches letztere in Persien am gebräuchlichsten. Wollen sie sich aber roth malen, so weichen sie das Pulver in Wein-Essig-Citronensaft, Alaun-Wasser, oder andere saure Dinge. Die Weiber thun solches gemeiniglich, wenn sie sich zu Bette legen wollen, damit die Farbe desto länger und besser würke."

Huri, die; -, -s [arab. ḥūr: Kollektivbildung zu ḥūriya: Paradiesjungfrau]: schönes Mädchen im Paradies des Islam.
Pers.-arab. ḥūrī ‚Paradiesjungfrau' aus arab. ḥaurā', Fem. Sing. zu aḥwar ‚schwarzäugig', lautet im Plural ḥūr, was von den Persern als Singular empfunden wurde; sie fügten dementsprechend das Singularzeichen -i hinzu.
Die Huris sind die ewig schönen Paradiesjungfrauen im Islam. Der Koran erwähnt sie an einigen Stellen: „Sie (die Gottesfürchtigen) liegen auf Ruhebetten, die in Reihen angeordnet

sind, und wir geben ihnen großäugige Huris als Gattinnen." Sure 52, 19.
Das arabische Wort lieferte frz. houri (17. Jh.), engl. houri (18. Jh.).
Littmann 64; Lammens 264; Lokotsch 848; Gamillscheg 529.

I

Iblis, der; - [arab. iblīs: Teufel]: Im Islam der oberste der ungläubigen Dschinnen, kommt häufig im Koran vor: „Darauf sagten wir zu den Engeln: „Fallt vor Adam nieder!" Und sie taten es; nur Iblis weigerte sich. Er war einer der Ungläubigen." (Koran 7, 10ff.). Sein Todesurteil wurde ausgesprochen, doch erhielt er Aufschub bis zum Jüngsten Tag, an dem er vernichtet werden wird.

Ihram, der; - [arab. iḥrām: Weihung]: der „Weihezustand" des Mekkapilgers, im übertragenen Sinn auch das Pilgergewand, das die Muslime beim Betreten der heiligen Stätten in Mekka anlegen und erst nach Beendigung aller Rituale ablegen. Im Ihram ist dem Pilger Geschlechtsverkehr, Schminken, Töten von Tieren usw. verboten.

Imam, der; -s, -e [arab. imām: Vorbeter, Vorsteher]: Zuerst bezeichnet das Wort den Vorbeter in der Moschee, der das rituelle Gebet leitet. Imam ist auch ein Ehrentitel für hervorragende muslimische Theologen und Juristen, insbesondere die Begründer der vier orthodoxen Gesetzesschulen: Abu Ḥanīfa, Aš-Šāfiʿī, Aḥmad ibn Ḥanbal, Mālik ibn Anas.
Das arabische Wort lieferte türk. imam; hieraus engl. imam, iman, frz. iman, imam, rum. imam.
Devic 142; Lokotsch 905; Littmann 62; Lammens 136; Corom. 990.

Iman, [arab. īmān: Glaube]: im Islam der Glaube an Gott, seine Engel, seine Gesandten, seine (geoffenbarten) Bücher und den Jüngsten Tag, ist die Voraussetzung für die Zugehörigkeit zur islamischen Gemeinde.

Imaret, der; - [arab.-türk. imāret: Wohlstand, Kultur]: ehemals ein türkisches Hospital, Pflegehaus für Kranke, arme Schüler und Reisende. In der Türkei errichtete zuerst Urchân I (1336) solche Anstalten in Nicäa.

Ingwer, der; - s [arab. zanğebīl: Ingwer]: tropische Kulturpflanze, deren Wurzelstock ätherische Öle enthält und besonders als Gewürz verwendet wird. Spätmhd. inhwēr, im 14. Jahrhundert ingebër, aus mhd. gingebër, gingebëre, gegen 1200 der gingebëro aus griech.-lat. zingiberi, überkommen aus pers.-arab. zenğebīl, das vom sanskr. ṣṛngavêra ‚Horngestalt' stammt. Das arabische Etymon lieferte it. zenzovero, zenzero, frz. gingembre (11/12. Jh.), kat. gingebre, sp. gengibre, pg. jengibre, gengivre, rum. ghimber, zingifil, zinzifil, engl. ginger (13. Jh.). Ingwer wird in Ostasien in ungeheurem Maße verbraucht. Schon im Altertum wurde die Pflanze in Indien, dann in China angebaut. Heute wird sie in den Tropen häufig kultiviert. Im Mittelalter gelangte der Ingwer durch die Vermittlung der Araber und Venezianer nach Italien, von dort im 9. Jahrhundert nach Deutschland und im 10. Jahrhundert nach England. Er fand Verwendung als Gewürz und Arznei.
Diez 346; REW 9619; Lokotsch 1930; Weigand 1, 925.

inschallah [arab. in šā' a llāh: wenn Allah will]: eine sehr häufige Redensart der Muslime, bezogen auf ein zukünftiges Ereignis, um die totale Verlassenheit auf Gottes Willen auszudrükken.

Intarsia, die; -, -ien [arab. tarṣīʿ: Einlegearbeit. subst. Inf. zu raṣṣaʿa: einlegen, ausschmücken]: Einlegearbeit; Ornament- u. Bildschmuck an Möbeln und anderen Holzarbeiten, der durch Einlegen von farbigen Furnieren oder von Elfenbein, Schild-

patt, Perlmutt oder Metall in eine Holzfläche entsteht. Im 15. Jahrhundert kam die Intarsia von Italien nach Frankreich, im 16. Jahrhundert nach Deutschland zur Dekoration von Chorstühlen, Zimmertäfelungen, Decken, Truhen, Tischplatten usw.
Das arabische Wort lebt in it. tarsìa, intarsiare taracea, sp. tarcea, ataracea.
Lokotsch 1706; Eguilaz 304; Chr. Scherer, Technik und Geschichte der Intarsia (1891); A. Weinsheimer: Die Intarsia (1925).

Intifida, die; - [arab. intfāḍa: Aufstand, Verbalnomen zu intafaḍa: abschütteln]: Aufstand. Eine Reihe von Razzien und strengen Maßnahmen gegen palästinensische Jugendliche und Kinder in der Westbank und im Gaza-Streifen zwang die unter der israelischen Besatzung geborene Generation, über ihre Misere nachzudenken. Nach über 20 Jahren war jede palästinensische Familie von der Besatzungspolitik, der sogenannten „eisernen Faust", betroffen. Am 9. 12. 87 brach ein Aufstand auf, dessen Hauptträger die Junge Generation war und der sich Intifada nannte. Das Wort ist schnell in der ganzen Welt zum Schlagwort geworden, und es gelang der Intifada, die Aufmerksamkeit der Weltöffentlichkeit auf sich zu lenken und sogar die Ausrufung des Palästinenserstaates im November 1988 zu erreichen.
Alexander Flores: Intifada – Aktuelle Zahlen und Entwicklungen zum Palästinensischen Aufstand in den besetzten Gebieten. Rotbuach Verlag, 1988.

Islam, der; - (s), [arab. islām: völlige Hingabe der Gläubigen an Allah]: „Das Wort Islam bezeichnet, wie allgemein bekannt, die vom Propheten Mohammed zu Beginn des 7. Jahrhunderts gestiftete Religion, zu der sich heute rund 13% der Menschheit, nahezu 400 Millionen, bekennen. Es bezeichnet zweitens das früher durch militärische Expansion gewachsene, heute durch friedliche Infiltration in scharfer Konkurrenz zum Christentum sich stetig erweiternde Verbreitungsgebiet dieser Religion. Und

drittens ... die auf Grundlage der Religion und vorhandener älterer Kulturen geschaffene, trotz verwirrender Mannigfaltigkeit im einzelnen doch im ganzen einheitliche, unverwechselbare islamische ‚Kultur' bzw. Zivilisation." Albert Dietrich, Islam und Abendland, 1964, S. 5.
Das arabische Wort lebt in frz. islam, engl. islam, it. islamismo, russ. islam.
Littmann 61; Lokotsch 915.

J

Jacke, die; -, -n [arab. šaqq: Brünne]: Oberbekleidungsstück für Männer und Frauen.
Das arabische Wort lieferte sp. pg. jaco, frz. jaque (de mailles) ‚Panzerhemd', jaquette, schwed. jacka, dän. jakke, engl. jacket, nhd. Jackett (19. Jh.).
Im 15. Jahrhundert hat Jacke die Bedeutung von ‚wattierter Waffenrock'. Im 18. Jahrhundert verzeichnet es Adelung (2, 1408) als ein altes Wort für ein Panzerkleid und ein Dialektwort für ein „kurzes Weiberkleid, welches kleiner als ein Wammes oder Kamisol ist, theils einen Kittel der Mannsleute bedeutet."
Kluge 329; Adelung 2, 1408; H. Schulz 1913 Fremdwb.

Jasmin, der; -, -e [arab. jāsamīn < pers. yasämin]: in warmen Gebieten heimische Gattung der Ölbaumgewächse mit stark duftenden Blüten, aus denen Jasminöl gewonnen wird. Heimisch im Mittelmeer ist Jasminum fruticans L.
Diese orientalische Pflanze dient in Ostindien zum Bestreuen der Zimmer und Tempel und zur Herstellung eines wohlriechenden Wassers. Der Jasmin ist in Italien bereits im 13. Jahrhundert bezeugt. Dann ist er im 16. Jahrhundert durch die Vermittlung der Araber über Spanien nach Deutschland gekommen. Im 18. Jahrhundert erscheint der Name als Jasmin, Jesmin

und nach französischer Aussprache Schasmin. Die Form *Jasmin* ist direkt aus dem Spanischen ins Deutsche gekommen.
Das arabische Wort lieferte außerdem mlat. gelseminum, jesminium, it. gelsomino, gesmino, frz. sp. jazmín, pg. jasmim, kat. gassamí, rum. iasmin, engl. jasmin, jasmine, ndl. jasmijn, russ. bulg. serb. jasmin.
Lokotsch 942; Kluge 330; Eguilaz 432.

Jerboa, die; -s, -s [arab. ǧarbūʿ: Springmaus]: der Springhase; die zweibeinige Bergmaus in Nordafrika.
Das arabische Wort lebt in frz. gerbo, gerboise (1700), sp. gerbo, engl. gerboa (18. Jh.).
Lokotsch 936.

Joppe, die; -, -n [arab. ǧubba: baumwollenes Unterkleid]: (an Stelle eines Mantels getragene) einfache Jacke (aus Loden) für Männer; Hausjacke für Männer.
Das arabische Bekleidungsstück ist gegen Ende des 12. Jahrhunderts in Deutschland bekannt.
Auf arabisch *ǧubba* gehen it. quippa, frz. jupe (12 Jh.), daraus mhd. juppe, joppe, schöpe, scheppe, schübe, nhd. Schaube (s. d.) zurück. Die Bedeutung von Joppe wechselte mit den Moden. Im Mittelalter war sie ein Stück der ritterlichen Rüstung. Seit dem 16. Jahrhundert bezeichnete das Wort eine Jacke der jungen Leute. Im 19. Jahrhundert war sie ein Arbeits- oder Alltagsgewand, auch ein Wander- und Jagdkleid. Heute ist sie eine taillenlose Jacke aus dichtem Wollstoff oder Loden, besonders für Männer. Sie kommt in Verbindung mit Materialbezeichnungen vor, z. B. Lodenjoppe, Pelzjoppe; ferner in Hausjoppe, Herrenjoppe, Trachtenjoppe etc.
Diez 166; Dozy 147; Eguilaz 204; Lokotsch 737; Wartburg 57.

Julep, das; -s, -s [arab. ǧulāb: Rosenwasser; Mischgetränk aus Honig bzw. Zucker und Rosenwasser aus pers. gulāb, wo gul = Rose und āb = Wasser ist]: ein kühlendes Getränk aus Spirituosen, Eis, Mineralwasser, Fruchtscheiben und Pfefferminzblättern. Julep wurde 1634 bei J. Milton erwähnt. Das heute im

Deutschen noch in Ostpreußen gebräuchliche Wort war im 18. Jahrhundert als Arzneimittel bekannt: „Der Julepp ... ein ursprünglich arabisches Wort, ein aus gebrannten Wassern und einem Syrup zusammen gesetztes Arzneymittel zu bezeichnen, welches vornehmlich zur Kühlung und Erquickung eines Kranken verordnet wird." Adelung 2, 144 b.
Das arabische Wort lieferte frz. julep ‚Erquickungstrank' (14/15. Jh.), sp. julepe, mlat. julapium, engl. julep (14. Jh.).
Diez 166; Dozy 293; Eguilaz 434; Lokotsch 742; Wartburg 59.

K

Kaaba, die; - [arab. kaʿb: Würfel]: Steinbau in der großen Moschee von Mekka, Urheiligtum der Araber, dessen Kult der Prophet Mohammed in seine Lehre aufnahm. Eine besondere Verehrung genießt in einer östlichen Ecke des Baues der Schwarze Stein. Am Anfang und am Ende der Pilgerfahrtzeremonien wird die Kaaba siebenmal umkreist.

Kabel, das; -s, - [arab. ḥabl: Seil]: 1. biegsame, isolierte elektrische Leitung; 2. starkes Drahtseil, Stahltrosse. Kabel gelangt im 14. Jh. ins Deutsche.
Das arabische Wort lebt in sp. cablo ‚Ankertau', frz. câble, mlat. capulum ‚Fangseil', ndl. kabel, engl. cable.
Lokotsch 766.

Kadi, der; -s, -s [arab. qāḍī: Richter]: 1. islamischer Richter; 2. (ugs.) richterliche Instanz, Gericht.
Vom arabischen Wort stammen sp. alcalde, sp. kat. alcadí, frz. cadi (14. Jh.), rum. cadi, engl. cadi, ndl. kadi, russ. kadij. Das Wort erscheint im Deutschen seit 1703.
Devic 73; Lammens 63; Littmann 71; Lokotsch 984; Wartburg 75.

Kaffee, der; -s [arab. qahwa: Kaffee, Wein]: Europa hat den Kaffee um die Wende des 16. und 17. Jahrhunderts auf dem Umweg über die Türkei und Venedig (1580) kennengelernt. Das altarabische Wort *qahwa* bedeutet ursprünglich ‚Wein' und zeigt in einem Bedeutungswandel, wie der Kaffee an dessen Stelle trat. Die Landschaft Kaffa in Ostafrika ist die Heimat des Kaffeebaumes, von wo aus der Kaffee nach Südarabien exportiert wurde. Der Haupthafen dort war Mocha (hieraus dt. →Mokka) am Roten Meer. Um 1550 wurden die ersten Kaffeehäuser in Konstantinopel eingerichtet.
Vom arabischen Wort stammen: türk. kahwe, it. cahue, frz. pg. sp. café, rum. cafe, cafea, engl. coffee, ndl. koffie, russ. kofe, poln. kawa.
Kempski, Die Kaffeekultur (1924); Gamillscheg 172; Lammens 65; Littmann 82; Lokotsch 1005; Mahn 153; Wartburg 77.

Kaffeehaus, das; -es, ¨-er [älter: Coffeehaus, Lehnübersetzung aus engl. coffeehouse von arab. qahwa: Kaffee]: Café.
Das im 18. Jahrhundert im Deutschen allgemein bekannte Kaffeehaus ist seit dem 19. Jahrhundert durch das französische Wort café verdrängt worden. Heute lebt Kaffeehaus in Österreich fort.
Schulz 1, 317.

Kafir, der; -s [arab. kāfir: Ungläubiger]: Name der Götzendiener im Koran. Das Wort kommt heute im Deutschen selten vor.

Kaftan, der; -s, -e, österr. auch: -s [arab. quftān: Obergewand < pers. chaftān]: langer vorne offener Männerüberrock mit weiten Ärmeln. Über Persien und Mittelasien kam der Kaftan nach Rußland und Polen, wo er von orthodoxen Juden noch getragen wird. Vom arabischen Wort stammen frz. caftan, it. caffetano, engl. caftan, ndl. caftan, russ. serb. poln. kaftan, sp. caftán.
Das arabische Wort gelangte über türk. kaftan im 17. Jahrhundert ins Deutsche.
Devic 23; Kluge 338; Gorjajev; Lokotsch 774; Wartburg 73.

kalfatern, Vb. [arab. qalfaṭa: kalfatern]: die hölzernen Wände, das Deck eines Schiffes in den Fugen mit Werg und Teer oder einem dafür vorgesehenen Kitt abdichten.
Das arabische Wort lieferte it. kalfatare, kat. kalfatar, sp. pg. calfatear, rum. calfatare, bret. kalfati, ndl. kalfaten.
Frisch und andere leiten das Wort aus frz. *cale* ‚Unterteil eines Schiffes' und *fait*, it. *fatto*, ab. Richtig ist aber die Ableitung aus dem arabischen qalfaṭa ‚kalfatern', das in den alten arabischen Wörterbüchern gut belegt ist. In der arabischen Umgangssprache von Ägypten lebt heute die Variation kalfet ‚pfuschen' fort. Das Wort im Deutschen ist seit Chr. Ludwig (1716) belegt.
Zur Wortsippe gehört *Klabautermann*, da nach dem Volksglauben der Kobold gegen die hölzernen Schiffswände klopft, um zur Ausbesserung zu mahnen oder den Untergang des Schiffes anzukündigen.
Devic 24; Lokotsch 1022; Chr. Ludwig: Teutsch-englisches Lexicon, Leipzig 1716.

Kali, das; -s, -s [arab. qālī: Pottasche, Aschensalz]: 1. kurz für Kalium, Kaliumverbindung; 2. besonders als Dünge- und Ätzmittel verwendetes natürlich vorkommendes Kalisalz.
Das deutsche Wort ist eine Rückbildung aus Alkali. Das arabische Etymon lebt in sp. pg. álcali, frz. alcali, engl. alkali, dt. Alkali, Kalium.

Kaliber, das; -s, - [arab. qālib: Schusterleisten]: innerer Durchmesser von Rohren, Bohrungen o. ä. besonders des Laufrohres von Feuerwaffen.
Vom arabischen Wort stammen frz. pg. sp. kat. calibre, it. calibro, rum. calib, calup, engl. caliber. Einige leiten das Wort vom lat. aequilibrium ‚Gleichgewicht' ab, das schon im Französischen équilibre ergab. Nach Wartburg und vielen anderen ist das Wort arabischen Ursprungs.
Corom. I, 595; Diez 78; Dozy 2, 291; Lammens 70; Littmann 100; Lokotsch 1030; Wartburg 83.

Kalif, der; -en, -en [arab. ḫalīfa: Nachfolger, abgeleitet von Vb.

ḫalafa: nachfolgen]: die Nachfolger Mohammeds als weltliche Herrscher. Man kann die Kalifenzeit in vier Perioden teilen: 1. die legitimen („rechtgeleiteten") Kalifen in Medina (632–661); 2. die Omaijaden in Damaskus (661–749); 3. die Abbasiden in Bagdad (749–1258); 4. die Zeit von 1258 bis 1517 und 1517 bis 1924.
Der Name Kalif ist durch die Kreuzfahrer nach Europa gekommen. Er gelangte im 14. Jahrhundert als mhd. kalîf nach Deutschland. Ursprünglich mußte der Kalif von einem Kollegium führender Persönlichkeiten gewählt werden, aus dem arabischen Stamm Quraisch stammen und ohne körperlichen oder geistigen Makel sein.
Corom. I. 579; Lammens 261; Lokotsch 798.

Kamel, das; -s, -e [arab. ǧamal: Kamel]: daraus griech. kámēlōs und lat. camelus; hieraus frz. chameau, kat. camell, sp. camello, pg. camelo, it. cammello, siz. camiddu, ndl. camel, engl. camel. Ursprünglich hieß das Tier goth. ulbandus, ahd. olpentâ, mhd. olbente. Diese Formen sind durch mhd. kamēl verdrängt worden. „In Kleinasien wurde das Kamel durch die Kriege der Araber gegen das Byzantinische Reich bekannt. Vor der mohammed. Herrschaft scheint es dort nicht verbreitet gewesen zu sein. Mit den Eroberungszügen der Türken gelangte es auch ins südöstl. Europa, ebenso nach Spanien mit den erobernden Arabern." Brockhaus Konversationslexikon (1894).
Trübner 4, 83; Lokotsch 653; Kluge 340.

Kamelott, der; -s, -e [arab. ḫamla: langhaariger Wollstoff]: 1. feines Kammgarngewebe; 2. Seidengewebe in Taftbindung.
Vom arabischen Wort stammen frz. camelot, altit. ciam (b)ellotto (15. Jh.), sp. chamelote, engl. camelot, anord. kamelot, fläm. kammelot, mhd. schamlât, im 15. Jahrhundert samlott und zamlott, 1605 bei Hulsius als Camelot und Schamlott.
Dozy I, 406; Gregoris 194; Lokotsch 653; Wartburg 64/65.

Kampfer, der; -s [arab. kāfūr: Kampferbaum < aind. karpūraḥ]: aus dem Kampferbaum gewonnene oder synthetisch herge-

stellte weiße, harzige Masse mit durchdringendem Geruch, die besonders in der Medizin, in der chemischen Industrie verwendet wird. Vom arabischen Wort stammen mlat. camphora, altit. cafura, frz. camphra, sp. pg. cánfora, alcanfor, rum. camfora, engl. camphor, mhd. gaffer (13. Jh.) und campher, 1556 bei Frisius Gampher, 1616 bei Henisch Campher. In Ostasien und Indien wurde der Kampfer schon im Altertum als Räuchermittel bei gottesdienstlichen und anderen feierlichen Handlungen verwendet. Auch die Araber kannten ihn. Schon zur Zeit Mohammeds war er bekannt, denn er wird im Koran als Kühlungsmittel für die Getränke der Seligen im Paradies erwähnt. Es waren auch die arabischen Ärzte, die den Kampfer als Droge ins Abendland einführten. So wird er im 11. Jahrhundert in Italien und im 12. Jahrhundert in Deutschland als Heilmittel gegen Gicht und Rheumatismus verwendet. 1150 erwähnte ihn die gelehrte Äbtissin Hildegard im Kloster Rupertsberg bei Bingen.
Diez 84; Lammens 72; Lokotsch 1100; Wartburg 77, ZRP 34.

Kandare, die; -, n [arab. kandara: Sitzstange der Falken]: die zum Zaumzeug des Pferdes gehörende Gebißstange. Das Wort ist besonders in der Redensart bekannt: jn. an die Kandare nehmen, d.h. jn. unter Kontrolle stellen, seine Freiheit einschränken. Das arabische Etymon lieferte sp. alcándara, pg. alcandora ‚Sitzstange' und ung. kantár ‚Halfter', das im 18. Jahrhundert zu dt. „Kandare" wird.

kandieren Vb → Kandiszucker.

Kandiszucker, der; -s [arab. qand: Rohrzucker]: in großen Stükken an Fäden auskristallisierter weißer oder brauner Zucker.
Aus dem arabischen Wort stammen frz. sucre candi (seit 13. Jh.), it. zucchero candi, sp. cando (seit 14. Jh.), pg. candil, ndl. kandij, engl. candy-sugar.
Bis zum Ausgang des 19. Jahrhunderts standen im Deutschen die Formen Kandiszucker, Kandelzucker, Zuckerkant, Zuckerkandel nebeneinander. Heute hat *Kandiszucker* die anderen

Formen verdrängt. In der Volksetymologie war Zuckerkant bis zum Ausgang des 19. Jahrhunderts: „Zucker, welchen man in Kanten, oder kantigen Krystallen hat anschießen lassen." (Chr. Wenig 1870, Wb. d. dt. Spr.). Die Form Zuckerkandel war das 16. Jahrhundert hindurch üblich (Dasypodius 1537). Die jüngere Form Kandiszucker erschien in der ersten Hälfte des 18. Jahrhunderts. Durch die Vermittlung des it. candire ist dt. *kandieren* vor Ende des 17. Jahrhunderts nachgebildet worden. Im 18. Jahrhundert hat das Verb die Bedeutung: „mit Zucker überziehen, in Zucker einmachen, aus Zucker und Mehl allerlei Confekt bereiten." Adelung 1811, I. 1289. Daher der *Kanditor* und die *Konditorei,* die im 18. Jahrhundert verbreitet waren. Die Form Konditor ‚Zuckerbäcker' trat zum ersten Mal 1646 auf. Langsam hat sie die ältere Form Kanditor verdrängt.
Corom. 629; Diez 84; Eguilaz 358; Gamillscheg 182; Gorjajev 138; Lammens 74; REW 6899; Wartburg 38; Lokotsch 1052.

Kaper, die; -, -n (meist Plural) [arab. kabbār, Einheitsform kabbāra: Kaper]: Blütenknospe des Kapernstrauches.
Aus dem arabischen Wort stammen sp. pg. alcaparra, it. cappara, cappari, frz. câpres, engl. capers. Das arabische Wort kam über griech. kápparis ‚Kapernstrauch' und lat. capparis am Ende des 15. Jahrhunderts nach Deutschland.
Lokotsch 978.

Karaffe, die; -, -n [arab. ġarrāfa: Schöpfgerät]: Flasche aus (meist geschliffenem) Glas mit Glasstöpsel.
Das arabische Wort lieferte sp. pg. kat. garrafa, it. caraffa, caraffina. Die ältere deutsche Form Carafina ist eine Entlehnung vom it. caraffina. Bei Adelung 1, 1307 ist sie: „eine kleine gläserne Flasche mit einem engen Hals, Wasser, Essig, Öhl oder Wein bey der Mahlzeit darin vorzusetzen". Die jüngere Form Karaffe kommt über frz. caraffe und ist bei Wächtler (1709) belegt.
Devic 25; Dozy 2, 207; Kluge 350; Lokotsch 689; Schulz 1, 1913; Steiger 244; Wartburg 51/52.

Karat, das; -(e)s, -e [arab. qīrāṭ: kleines Gewicht]: 1. Einheit der (in 24 Stufen eingeteilten) Skala für den Goldgehalt einer Legierung; 2. Einheit für die Gewichtsbestimmung von Steinen.
Das arabische Wort lieferte mlat. carrātus, pg. quirate, quilate, sp. quilate, it. carato, frz. carat, engl. carat, russ. carat.
Das arabische Wort stammt seinerseits aus griech. kerátion, das nach der hornförmig gebogenen Schote des Johannesbrotbaums benannt ist, deren Kerne feine Gewichte für Edelsteine lieferten. Isidor von Sevilla und andere spätlateinische Texte verzeichnen *cerates*. Dieses wurde ins Latein der Alchimisten als *carratus* aufgenommen, aus dem sich it. carato, frz. carat ergeben. Dieses letzte lieferte mhd. garāt (1207). Das nhd. Karat ist eine neue Entlehnung aus dem frz. carat im 15. Jahrhundert.
Devic 26; Diez 88; Dozy 327; Eguilaz 974; Littmann 76; Lokotsch 1182; REW 6906; Wartburg 94.

Karmesin, das; -s [arab. qirmiz: Schildlaus]: ein aus getrockneten weiblichen Schildläusen gewonnener natürlicher Farbstoff von kräftigem Rot.
Das arabische Wort lebt in it. carmesine, sp. clemesín (14. Jh.), quermesino (Ende 15. Jh.), carmesino (1535), pg. carmesim, engl. crimson.
Schon im Mittelalter wurde die Puppe der Karmesinschildlaus für die Herstellung von Farben gebraucht. Die Kenntnis dieser Farbe wurde später durch die Araber dem Abendland übermittelt. Die Araber nannten diese Laus *qirmis,* daraus qirmizi ‚scharlachfarbig'. Das arabische Wort gelangte im 15. Jahrhundert über it. carmessino ins Deutsche. Von demselben arabischen Stamm entsteht *Karmin* ‚kostbares Hochrot' seit 1712.
Lokotsch 1219.

Karmin, das; -s → Karmesin

Karube, die; -, -n [arab. ẖarrūba: Johannisbrot < aram. hārūßā < ass. ẖarūbu]: Johannisbrot.
Das arabische Wort lieferte it. carruba, carrubo, frz. caroube,

carouge, sp. alfarroba, alfarrobeiro, sp. algarrobilla, pg. algarroba, engl. carob.
Im Mittelalter brachten die Araber die Karube nach Europa. Die Kultur der Pflanze hat sich im östlichen Mittelmeerbecken verbreitet. Heute wächst der Baum auf Zypern, Malta, Kreta, Sizilien, in Südspanien und in Portugal. Seit 1469 wird im Deutschen die Bezeichnung Johannisbrot häufiger. Diese Form hat das arabische Fremdwort beinahe verdrängt.
Devic 26; Littmann 19/20; Lokotsch 832; H. Marzell: Wb. d. dt. Pflanzennamen (1943), 1, 898.

Karve, die; -, -n [arab. karāwya: Feldkümmel, Carum carvi]: Feldkümmel.
Das arabische Wort lebt in pg. cherivia, alcaravia, alquirivia, sp. chirivia (seit 13. Jh.), alcaravea (seit ca. 1400), kat. alcarovia, sp. carvi (seit 15. Jh.), ndl. karwiji, engl. caraway, frz. it. carvi, frühnhd. karben, mhd. Karve.
Das Wort wurde durch die arabischen Mediziner in Europa vermittelt.
Dozy 85, 354; Eguilaz 132; Lokotsch 1087; Steiger 205; Wartburg 87.

Kasbah, die; -, -s [arab. qaṣba: Stadt, Dorf]: Schloß, Burg (in Marokko); arabisches Viertel in afrikanischen Städten.

Kasside, die; -, -n [arab. qaṣīda: Gedicht]: arabisches Gedicht. „Um das 6. Jahrhundert von den Arabern ausgebildete, von Persern und Türken übernommene Dichtungsart, die in kunstvollen Metren, in Distichen mit Reim zwischen den ersten Halbversen und am Schluß der folgenden, verschiedene poetische Themen abhandelt. Sie beginnt in alter Zeit mit einer Klage an der Wohnstätte der entschwundenen Geliebten, beschreibt dann ein Kamel, ein Pferd oder ein Wüstentier, eine Wüstenreise, Naturerscheinungen, Jagd- und Trinkszenen und geht endlich zum Preis des Gönners oder Stammes oder zur Verhöhnung eines Gegners über. Später bekam das Wort einfach die Bedeutung ‚Gedicht'. In der deutschen Dichtung ist die

Kasside nur nachgeahmt worden (F. Rückert, A. v. Platen)."
Brockhaus Enzyklopädie (1970), 9, 824.
C. Brockelmann Suppl. 1. (1937).

Kat, der; -s [arab. qāt]: Kat nennen die Araber das als mildes Rauschmittel dienende Laub von Catha edulis, einem in Ostafrika und im Jemen wachsenden strauchigen Gewächs, dessen zarte Blätter frisch oder getrocknet gekaut oder genossen werden und einen nachhaltigen Rausch erzeugen.
„Die Droge wurde früher als Gebräu genossen, ‚abessinischer Tee' heißt sie deshalb auch nach ihrem Ursprungsland. Heute stopfen sich die Bewohner Südarabiens die Backentasche voller Blätter, bis sie wie eine Hamsterbacke anschwillt, kauen den grünen Klumpen genüßlich und spucken den Rest aus. Die Alkaloide in den orangenblattähnlichen Kat-Trieben bewirken leichte Betäubung wie Koffein oder Kokain. Die sanfte Droge beschert jedoch nicht nur schöne Träume, sondern schädigt vor allem die Wirtschaft des Landes ... Während die Reichen den Kat in Muße genießen, kauen ihn Landarbeiter und kleine Handwerker wie die Hochland-Indianer in Peru ihre Kokainblätter: als kurzfristiges Stimulans bei schwerer Arbeit und zum Vergessen des Hungers." Der Spiegel (Nr. 21, 18. Mai 1981).
Littmann 81, 86, 150.

Kattun, der; -s, -e [arab. quṭn: Baumwolle]: Gewebe aus Baumwolle, das sehr fest gewebt ist.
Das arabische Wort lebt in it. cottone, sp. algodón, pg. algodão, frz. coton, prov. alcoto, pg. cotão, ndl. kateon, engl. cotton, poln. katun. Schon mhd. cottun (Walter von Rheinau 31), 1647 bei Olearius, 1697 bei Stieler Kattun, Cadun, 1682 bei Leibniz Catoen, aus ndl. kattoen, katoen von arab. quṭun ‚Baumwolle' übernommen.
Das arabische Wort ist wahrscheinlich über Sizilien nach Europa gekommen, da es überall ohne den arabischen Artikel ‚al-' übernommen wurde. Im Mittelalter blieb die Baumwollkultur und die Verarbeitung der Baumwolle den Arabern vorbehalten. Schon im 12. Jahrhundert sind ihre Baumwollpflanzungen in

Sizilien und Spanien nachgewiesen. Von hier aus gelangte der arabische Name in die übrigen romanischen Sprachen.
Corom. 1, 122, Diez 111; Eguilaz 182; Lokotsch 1272; Wartburg 182.

Kebab, der; -s [arab. kabāb: Fleischspieß]: orientalisches Gericht aus kleinen auf einen Spieß gesteckten, stark gewürzten und über einem Kohlenfeuer gebratenen Hammelfleischstükken.
Vom arabischen Wort stammen türk. kebab; hieraus bulg. kebap, russ. kebab, kebau, rum. chebab.
Lokotsch 972.

Kermes, der; - [arab. qirmiz: Schildlaus]: 1. Kermesschildlaus; 2. roter Farbstoff, den die Schildläuse liefern.
Das arabische Wort lebt in pg. kat. alquermes, sp. alquermes (seit 1555), sp. quermes, kat. quermès, carmès.
Die Kermesschildläuse wurden früher abgesammelt und getrocknet. Ihre Umhüllungen enthalten einen kräftigen roten Farbstoff zur Herstellung von Farben, der durch den Handel mit den Arabern nach Europa kam. Aus sp. alquermes übernahm dt. Alkermes, das lange Zeit als Apothekerwort galt. Seit 1712 erscheint die Bildung Kermes.
Wartburg 95.

Kibla, die; -, -s [arab. qibla: Gebetsrichtung]: Richtung nach Mekka, die die Muslime beim Gebet einnehmen. Von Mohammed wurde als Kibla ursprünglich Jerusalem, später die Kaaba in Mekka bestimmt.

Kif, der; -s [arab. kaif: Wohlbefinden]: tabakähnliche Mischung von getrockneten Hanfblättern, Haschisch, Marihuana. Neubildungen wie: kiffen ‚Haschisch od. Marihuana rauchen' und Kiffer ‚jemand, der Haschisch o. Marihuana raucht' sind heute im Jargon bekannt. Das arabische Etymon lebt in engl. kef und türk. keyf.

Kismet, das; -s [arab. qisma: das dem Menschen zugeteilte Schicksal]: das dem Menschen zugeteilte Los, dem er nicht entgehen kann. Das arabische Wort gelangte ins Deutsche über das gleichbedeutende türk. kesmet.

Kiswa, die; -, -s [arab. kiswa: Bekleidung, vom Verb kasā: kleiden, bekleiden]: kostbare Hülle aus Schwarzem Brokat, die während der Pilgerfahrt die Kaaba in Mekka bedeckt.

Klabautermann → kalfatern.

Koffer, der; -s, - [arab. quffa: Flechtkorb]: viereckiger, tragbarer Behälter für Kleider und kleine Utensilien, die man auf der Reise braucht.
Das arabische Wort lebt in sp. cofa, alcofa, kat. cefa ‚Korb', sard. goffe, it. coffa, afrz. cofre, frz. coffre (mit Anfügung eines -r wie in calibre ‚Kaliber').
Der arabische Name stammt seinerseits aus gleichbed. griech. kóphinos. Durch die Handelsbeziehungen mit den Arabern im Mittelalter ist das Wort in die europäischen Länder zurückgekehrt. Es ergibt im 12. Jahrhundert frz. coffre ‚Lade, Koffer', das das deutsche Wort lieferte. Im Deutschen erscheint 1691 die Form Kuffer bei Stieler, 1577 Koffer bei Junius, 1541 Kofferan bei Maaler. Noch im 18. Jahrhundert verzeichnete man die Nebenform Kuffer; bei Lessing erscheint die scheinfranzösische Form Couffre.
Eguilaz 140; Lokotsch 1225; Wartburg 97.

Kolkothar, der; -s, -e [arab. qulquṯār < griech. chálkanthos]: rotes Eisenoxyd zum Polieren von Glas und ähnl.
Das arabische Wort lebt in sp. colcotar, pg. frz. engl. colcothar. Der Name wurde von den Alchimisten im Mittelalter geprägt und für einen nicht verwendbaren Rückstand gebraucht. Das Wort ist im Arabischen Spaniens belegt, das Ausgangspunkt für andere europäische Sprachen ist.
Corom. 1, 850; Dozy 257; Gamillscheg 242; Lammens 262; Wartburg 98; Lokotsch 1236.

Konditor, der; -s, -en → Kandiszucker.

Konditorei, die; -, -en → Kandiszucker.

Koran, der; -s, -e [arab. qur'ān: Lesung, Vortrag, abgeleitet vom Verb qara'a: lesen, rezitieren]: die heilige Schrift der Muslime. Das arabische Wort lebt in sp. alcorán, pg. alcorão, frz. alcoran, coran, engl. alkoran, koran.
Das Wort gelangte mit dem arabischen Artikel al- im 16. Jahrhundert ins Deutsche. Seit dem 18. Jahrhundert erscheint die kürzere Form *Koran,* die Alkoran verdrängt hat.
Nöldeke, Geschichte des Koran (1860; 2. Auflage von Schwally, Teil 1 u. 2, 1909–1919; Teil 3 von Bergsträßer, Heft 1, 1926); Goldziher, Die Richtungen der islamischen Koranauslegung (1920); J. Horovitz, Koranische Untersuchungen (1926).

Koton, der; -s, -s [arab. quṭn: Baumwolle]: selten für Baumwolle.

kotonisieren V. [arab. quṭn: Baumwolle]: Bastfasern die Beschaffenheit von Baumwolle geben.

Kubebenpfeffer, der; -s [arab. kubāba: Piper cubeba]: Frucht eines indonesischen Pfefferstrauchs. Vom arabischen Namen stammen it. cubebe, frz. cubèbe, prov. cubeba, sp. pg. cubeba, engl. cubeb, mnd. kūbēbe.
Der Kubebenpfeffer wurde durch chinesische Kaufleute aus dem Osten eingeführt. Er war im Mittelalter ein geschätzter Handelsartikel. Zeitweise galt er in Europa als Zahlungsmittel. Er fand in der Medizin des Mittelalters Verwendung. Seine harntreibende Wirkung wurde schon vom arabischen Arzt Ibn Sīnā (Avicenna) um 1006 angegeben. Vom 12. und 13. Jahrhundert an wurde er durch die Vermittlung arabischer Ärzte auch in Europa angewandt. Kubebenöl war 1582 auf der Frankfurter Messe zu haben, und die Kubeben sind 1609 im Inventar der Ratsapotheke in Braunschweig verzeichnet.
Corom. 1, 959; Devic 257; Diez 114; Lammens 92; Lokotsch 974; Reinhardt 596; REW 4648 a.

kufische Schrift [arab. kūfī: Adjektiv zu Kufa, Stadt im Irak]: eine der ältesten Formen der arabischen Schrift, nach der Stadt Kufa im Irak benannt. Die kufische Schrift wurde kurz vor Mohammed eingeführt. Sie diente im 8. Jahrhundert als Koran- und Münzschrift. Aus der kufischen Schrift entstand seit dem 10. Jahrhundert die meghrebinische Schrift.

Kümmel, der; -s, - [arab. kammūn: Kümmel]: die in Dolden blühende Pflanze (lat. cuminum) und ihre als Gewürz benutzten Samenkörner.
Das arabische Wort lebt mit dem arabischen Artikel ‚al-' in sp. alcamonías, pg. alcamonia, alcamunia und ohne den Artikel in frz. cumin, rum. chimion, it. sp. comino, pg. cominho, ndl. comijn, engl. cumin. Aus dem Romanischen stammen ahd. kumil, kumi, kumich, mhd. kume, küme, kumich, kümich.
Seit Luther hat die ostmd. Form *Kümmel* alle anderen Formen verdrängt.
Kluge 411; Lokotsch 1046; Weigand 1, 1169.

Kuppel, die; -, -n [arab. qubba: Kuppel, kleines Nebenzimmer, Wölbung über einem Raum]: Wölbung über einem Raum.
Das arabische Wort lebt in pg. alcova, sp. alcoba, kat. alcoba, prov. alcuba, rum. alcove, siz. cubba, ndl. alkoof, engl. alcove, frz. cupole, it. cupola; diese letzte Form lieferte 1678 Cupel (bei Krämer), 1711 Cupel und Koppel (bei Rädlein). Seit Adelung 1811 wird Kuppel regelmäßig verwendet.
Corom. II, 101; Dozy 90/91; Lammens 8; Lokotsch 1291; Wartburg 96.

Kurkuma, die; -, -men [arab. kurkum: Safran]: 1. Gelbwurzel; 2. aus den Wurzeln der Gelbwurzel gewonnenes, u. a. zur Herstellung von Curry verwendetes, gelbes Gewürz.
Das arabische Wort lebt in frz. curcuma (16. Jh.), it. curcuma. Der arabische Name kommt aus Indien, wo die Pflanze vielfach als Droge, insbesondere als Gewürz zu fast allen Speisen und als wichtiger Bestandteil des Currypulvers verwendet wird.
Lammens 93; Wartburg 100.

Kuskus, der; - [arab. kuskus]: das Lieblingsgericht der Nordafrikaner aus Weizen-, Hirse- oder Gerstenmehl, Hammelfleisch, verschiedenen Gemüsen und Kichererbsen.
Das arabische Wort lebt in frz. couscous, sp. alcuzcuz. Es stammt aus dem Berbischen und gelangte im 17. Jahrhundert durch Vermittlung der Araber nach Europa. In Ägypten wird der Kuskus mit Zucker, Zimt, Rosinen, Nüssen, Pinienkernen und Milch bei Hochzeiten und besonderen Anlässen zubereitet.
Corom. 1, 140; Dozy 468; Wartburg 100.

L

Lack, der; -s, -e [arab. lakk: Lack]: unpigmentiertes, öl- oder harzhaltiges Anstrichmittel, das nach der Trocknung einen farblosen, durchsichtigen Anstrich bildet.
Das arabische Wort stammt letzten Endes aus sanskr. lākśā ‚Fleck' und über pers. lāk durch arab. lakk gelangte es durch die Handelsbeziehungen mit den Arabern in die europäischen Sprachen.
Die Entlehnung aus arab. lakk ist am einleuchtendsten, da Gummilack in der Tat im 12. Jahrhundert in großen Mengen, besonders aus Ägypten, nach Westeuropa ausgeführt wurde. Im Deutschen ist das Wort seit dem 14. Jahrhundert belegt.
Das arabische Wort lieferte it. lacca, mlat. lacca (12. Jh.), kat. sp. pg. laca, frz. laque (15. Jh.).
Littmann 90; Lammens 265; Gamillscheg 560; Dozy 295; Lokotsch 1295.

Landauer, der; -s, - [arab. al-andūl: Wagen]: Reisewagen mit geteiltem Verdeck in der Mitte. Dieser Wagen wurde nicht zuerst in Landau hergestellt, wie es bei Adelung (2, 1880) oder in Goethes ‚Hermann und Dorothea' (1, 56) steht. Auch die Behauptung, der Name Landauer gehe darauf zurück, daß Kaiser Joseph I. zum ersten Mal eine derartige Kutsche benutzt habe,

als er 1702 zur Belagerung von Landau fuhr, ist unbegründet. Das Wort ist vielmehr arabischen Ursprungs. Aus sanskr. hindōla entstand durch persische Vermittlung arab. andūl, mit Artikel al-andūl, das die Spanier von den Mauren als lado ‚leichter, mit Maultier bespannter viersitziger Wagen' übernahmen; daraus frz. landau, engl. landau, dt. Landau, das volksetymologisch zu Landauer umgestellt wurde.
Kluge 421; Storfer S. 234f.

Lärche, die; -, -n [arab. arza: eine Fichtenart]: Nadelbaum mit hellgrünen, büscheligen Nadeln, die im Herbst abfallen.
Die Lärche ist in den Alpen heimisch; bayerisch-österr. heißt sie Larch, Larchbaum, Leerbaum, Lerget. Das arabische Wort lebt in it. larice, pg. larico.
Lokotsch 114.

Lasur, die; -, *-en* → Azur.

Laute, die; -, -n [arab. al-ʿūd: Instrument aus Holz]: Zupfinstrument mit bauchigem Klangkörper und 6 Saiten, gestimmt wie eine Gitarre.
Die Araber kannten ein musikalisches Instrument, das aus dünnen Spänen in der Form eines halbierten Kürbisses zusammengesetzt war. Am Klangkörper saß ein Hals mit vier bis fünf Saiten. Sie nannten es 'ūd, mit dem arabischen Artikel al-'ūd. Dieses Wort ergab it. liuto, afrz. leüt und breitete sich in Deutschland aus als spätmhd. lūte, nhd. Laute. „Wie die Laute, das Begleitinstrument der Liebeslieder, aus dem islamischen Orient zu uns gekommen ist, so ist wahrscheinlich der mittelalterliche Minnesang überhaupt orientalischen Ursprungs." Lokotsch 2127.
Konrad Burdach, in: Sitzungsberichte der Preußischen Akademie der Wissenschaften, 1918. Nr. XLV, S. 994/1029 u. Nr. XLVIII, S. 1072/1098.

Lava, die; -, -ven [arab. lāba: Boden mit Steinen und Schlamm]:

die aus feuerspeienden Bergen in glühendflüssigem Zustande ausgeworfenen Massen.
Das arabische Wort lieferte frz. lave, it. lava, engl. lava.

Lila, das; -s [arab. līlak: Flieder]: lila Farbe. Das Wort stammt letzten Endes aus sanskr. nīlah und gelangte durch pers. līlāğ über arab. līlāk nach Europa. Vom Strauch ging das Substantiv im Deutschen auf die Farbe seiner Blüte über. So entstand das Adjektiv lilafarben im 18. Jahrhundert, das im 19. Jahrhundert auf lil(l)a reduziert wurde.
Der Flieder wurde 1560 vom österreichischen Gesandten Busbequius aus Konstantinopel nach Wien gebracht und von hier am Ende des 16. Jahrhunderts nach Frankreich.
Das arabische Wort lieferte it. lilac, sp. lilac, frz. lilas, rum. liliac, engl. lilac (17. Jh.).
Dozy 297; Eguilaz 439; Corom. 3, 94; Lokotsch 1319, Wartburg 108.

Limonade, die; -, -n → Limone.

Limone, die; -, -n [arab. laimūn: Zitrone]: Zitrone.
Die Limone kam im Mittelalter mit den Kreuzfahrern nach Italien und gelangte von dort weiter nach Frankreich und Spanien.
Das arabische Wort lieferte it. limone, kat. limó, sp. limón (15. Jh.), pg. limão, engl. lemon (14. Jh.), frz. limon (14. Jh.), ndl. lemoen, mndl. limoen. Gegen Ende des 16. Jahrhunderts gelangte Limonada ‚Zitronenwasser' aus Italien nach Deutschland.
Dozy 298; Eguilaz 439; Lokotsch 1322; Corom. 3, 98; Wartburg 109.

Luffa, die; -, -s [arab. lūfa: Drachenwurz]: ein tropisches Kürbisgewächs, aus dessen Früchten Badeschwämme, Einlegesohlen, Badepantoffeln, Frottiertücher, Sattelunterlagen usw. hergestellt werden.

Das arabische Wort lebt in frz. luffa, loofa, loofah, engl. luffa, loofah.
Lokotsch 1333 a.

M

Macheier, der; -s [arab. muḫayyar: der Bevorzugte, ein Stoff aus Ziegenhaar]: Wollstoff, im Handel auch als Mohär, Mohair bekannt.
Das arabische Wort muḫayyar ergibt über poln. muchair schon 1578 frühnhd. muchaier. Heute ist Mohär die häufigere Form. Außerdem lebt das arabische Wort in it. mocajarro, frz. mohair (1860), engl. mohair. Heute kommt das Wort Macheier selten vor.
Lokotsch 1497.

Magazin, das; -s, -e [arab. maḫzan: Speicher, Warenniederlage]: Lagerraum, Lagerhaus, Speicher, Verkaufsstelle.
Das arabische Wort gelangte auf zwei Wegen in die Sprachen Europas. Einerseits wurde es durch die Araber in Spanien dem Iberoromanischen vermittelt; daher pg. armazém, sp. almacén, akat. almatzem. Andererseits kam es durch den Handel mit Nordafrika nach Europa; daher kat. magatzem, it. magazzino (seit 14. Jh.), gen. magazzin, siz. magasenu, malasenu. Das deutsche Wort Magazin wurde im 16. Jahrhundert von gleichbed. it. magazzino abgeleitet. Seit dem 18. Jahrhundert wird es in der aus dem Französischen entlehnten Bedeutung ‚Laden' verwendet; dazu selten in der Verbform *magazinieren* ‚einlagern'. Nach englischem Vorbild ist Magazin seit 1747 die Bezeichnung für eine Zeitschrift.
Littmann 88; Lokotsch 1362; Schirmer 124; Wartburg 114.

magazinieren Vb., → Magazin.

Maghreb, der; - [arab. maġrib Westen, aus dem Verb ġaraba und das Präfix ma- zur Angabe des Ortes]: Der Maghreb ist Nordwestafrika von Tunis bis Marokko.

Mahdi, der; -s, [arab. (al-imām) al-mahdī: (der rechtgeleitete) Imam]: der von den Muslimen am Ende der Zeiten erwartete Erlöser, der die Einheit des Islam überall auf der Welt verwirklicht und damit den Jüngsten Tag vorbereitet.

Makame, die; -, -n [arab. maqāma: Makame]: ein Ort, wo man sich aufhält; eine Unterhaltung; ein unterhaltender Vortrag; eine Erzählung; eine Novelle. Badī' az-Zamān al-Hamāḏnī (gest. 1007) war der erste, der eine Anzahl von Makamen zusammenstellte; ihn übertraf Ḥarīrī, bei dem die Makame ihre klassische Form erreichte. Mit der musterhaften Ḥarīrī-Übersetzung (1826–1837) führte Friedrich Rückert die Makame in die Weltliteratur ein.

Makramee, das; -s, -s [arab. miqram: besteckter Schleier]: alte, ursprünglich arabische Knüpfarbeit, für die charakteristisch ist, daß nicht zwei Fäden miteinander, sondern ein Knüpffaden über einen Einlagefaden geknüpft wird.
Das arabische Wort lebt in it. macramè, frz. macramé, engl. macramé (10. Jh.).

Mameluck, der; -en, -en [arab. mamlūk: Sklave]: Söldner islamischer Herrscher.
„Mamlucken wurden die weißen Soldtruppen genannt, welche sowohl von den letzten Fatimiden als auch von den Eijubiden in großer Zahl angeworben oder auch gekauft wurden. Sie rekrutierten sich besonders aus Türken und in der Folge aus Mingreliern, Zirkassiren und anderen kaukasischen Stämmen. Die genannten Fürsten stützten ihre Macht hauptsächlich auf diese Söldner. Der Name Mamluck wurde auf die Nachkommen dieser in Ägypten seßhaft gewordenen Ausländer übertragen und verblieb ihnen, als sie die Herren des Landes wurden. In den folgenden Jahrhunderten hat der Name Mamluck seine ur-

sprüngliche Anrüchigkeit vollständig abgestreift.“ v. Oppenheimer, Vom Mittelmeer zum Persischen Golf I, 52.
Das arabische Wort lieferte it. mammalucco ‚Dummkopf‘, siz. mammaluccu, sp. pg. mameluco, frz. mamlouk, ndl. mameluk, engl. mameluke, mamaluke, mamlouk.
Devic 156; Eguilaz 442; Lokotsch 1384.

Mandoline, die; -, -n [arab. ṭanbūr: Zither]: Die Mandoline ist seit dem 15. Jahrhundert in Italien nachweisbar. Vor dem 18. Jahrhundert kannte man sie in Deutschland nicht. Die ältere Form Bandurichen weist auf mlat. pandura, it. bandore, engl. banjo, das mit Umtauschung der Silbenanlaute mandola auf arab. ṭanbūr ‚Zither‘ zurückführt.
Kluge 458; Eguilaz 301; Lokotsch 2015.

Maqam [arab. maqām: Standort]: in der arabischen Musik Bezeichnung für die Lehre von der mündlichen Komposition oder der durch Regeln bestimmten Improvisation. Sie entwickelte sich als geschlossenes System nur in den persischen, arabischen und türkischen Ländern. Heute ist das Wort im Deutschen unbekannt.

Marabu, der; -s, -s [arab. murābiṭ: Einsiedler]: in Afrika oder Südasien heimischer großer Storch, weiß mit dunklen Federn auf dem Rücken, mit mächtigen Schwingen und meist kropfartigem, aufblasbarem Hautsack unter der Kehle.
Man nannte die islamischen Einsiedler Nordafrikas, die in befestigten Klöstern fromme Übungen mit kriegerischen Vorbereitungen verbanden, murābiṭūn. Wegen des ernsten und würdevollen Aussehens des Vogels leptopilus argala wurde der Heiligenname verliehen. Das arabische Wort gelangte über frz. marabout ins Deutsche. Es lebt außerdem in sp. morabito, pg. marabuto, rum. marabut, siz. murabitu, engl. maraboot.
Devic 157; Eguilaz 443; Lokotsch 1410.

Marabut, der; -s, -s [arab. murābiṭ: Einsiedler]: islamischer Einsiedler, ursprünglich eine islamische Gruppe in Nordafrika, aus

der sich die Almoraviden bildeten, dann allgemein für Heiligengräber, auch für Derwisch.
G. H. Bousquet: L'islam maghrebien, (1946).

Markasit, der; -s, -e [arab. marqašīṭa: Schwefelkies]: metallisch glänzendes, gelbes, oft bunt anlaufendes Mineral aus einer Verbindung von Schwefel und Eisen.
Das arabische Wort lebt in frz. marcassite, pg. sp. kat. marcasita, it. marcassita, engl. marcasite.
Dozy 2, 584; Eguilaz 444; Sadebeck: Neues Jahrbuch für Mineralogie, Geologie und Paläontologie (1878); Lokotsch 1374.

Maroquin, das od. der; -s, -s auch **Marokkoleder** [arab. marrākeš: Marokko]: weiches, sumachgegerbtes, schwarzgefärbtes Ziegenleder mit natürlichen Narben.
Das Wort stammt aus gleichbed. frz. maroquin ‚marokkanisches Leder', das in Marrakeš (Marokko) hergestellt wurde. Als die Mauren aus Spanien vertrieben wurden, setzten sie ihr Handwerk in Nordafrika fort. So kam das Wort Ende des 15. Jahrhunderts nach Frankreich als Bezeichnung für ein narbiges Ziegenleder. Im Deutschen ist das Wort bei Jacobsson 1783 verzeichnet. Das arabische Wort lebt außerdem in frz. maroquin, pg. maroquin, ndl. marokijn, engl. morocco, it. marocco.
Lokotsch 1406; Wartburg 121.

Marzipan, das; -s, -e [arab. mauṯabān: eine Münze]: weiche Masse aus Mandeln, Puderzucker und Aromastoffen, die zu Süßigkeiten verarbeitet wird.
Man versuchte dieses etymologisch vielumstrittene Wort aus lat. Marcis panis ‚Gebäck zu Ehren des heiligen Markus', aus it. marcapane, aus pers. märzäban ‚Markgraf', aus griech. maza oder massa ‚Mehlbrei' herzuleiten. Die etymologische Frage ist erst im Jahre 1905 endgültig gelöst worden. Das Wort stammt nach Klyvers Beweisführung (ZfdWf 6, 59–68) vom arabischen mauṯabān aus dem Verb waṯaba ‚still sitzen' und bedeutet ‚einer, der seinen Platz nicht verläßt'. Es war ein Spottname für

einen König, der untätig auf seinem Thron saß und seine Feinde nicht bekriegte. So nannten die Araber zur Zeit der Kreuzzüge eine byzantinische Münze, die auf der einen Seite eine auf dem Thron sitzende Christusgestalt mit dem Evangelienbuch in der Hand zeigte. 1193 benannten die Venezianer eine ihrer Münzen matapan. 1202 bezeichnete das Wort eine in Syrien erhobene Abgabe von zehn Prozent. Im 13.–14. Jahrhundert erscheint marzapane in Venedig als Bezeichnung eines Schächtelchens. Auf Zypern bezeichnete es eine Schachtel, die den zehnten Teil eines Malters (älteres Kornmaß) faßte. Im 14. Jahrhundert wurde der Name von der Schachtel auf den Inhalt übertragen.
Das arabische Wort lieferte frz. massepain, sp. mazapán, pg. maçapão, kat. massapá, ndl. marsepein, engl. marchpane, schwed. marsipan, russ. marcipan.
A. Klyver: ZfdWf 6, 59–68; Lokotsch 1452; Wartburg 125.

maschallah [arab. māšā'a llāh: wunderbar!]: Bewundernder od. zustimmender Ausruf der Muslime. Das Wort kam über türk. mašalla nach Deutschland.

Maske, die; -, -n [arab. masḫara: Possenreißerei aus saḫara ‚spotten, sich lustig machen']: unkenntlich machendes Gesicht. Das arabische Wort lieferte sp. pg. máscara, frz. masque, ndl. masche, engl. mask, dän. maske. Dazu dt. Maskerade, das im 17. Jahrhundert aus sp. mascarata entlehnt wurde.
Kluge 464.

Maskerade, die; -, -en → Maske

Massage, die; -, -n → massieren.

Massicot, der; -s [arab. šabb qubṭī: ägyptischer Alaun]: gelbes Bleioxyd (früher als Farbpigment verwendet).
Das Wort gelangte ins Deutsche über frz. massicot (1480), it. marzacotto, sp. marzacoet, das vom arab. šabb qubṭī ‚ägyptischer Alaun' entlehnt ist.
Albert Dauzart: Nouveau dictionnaire étymologique, 1971.

massieren, Vb. [arab. massa: berühren, betasten, bepinseln]: jds. Körper oder einen Teil davon mit den Händen streichen, kneten, klopfen o.ä., besonders um die Durchblutung zu fördern.
Das arabische Wort gelangte ins Deutsche über frz. masser. Im Deutschen seit 1788 bezeugt. Die Ableitung Massage erscheint erst seit dem 19. Jahrhundert.
Kluge 465, Schulz 2, 85.

Mastaba, die; -, -s [arab. maṣṭaba: erhabener Sitzplatz aus Stein]: rechteckiges, altägyptisches Grab; erhabener Sitzplatz aus Stein in ägyptischen Dörfern.

Matratze, die; -, -n [arab. maṭraḥ: Platz, Kissen, Teppich, Matte, worauf man schläft]: gepolstertes Unterbett; mit Sprungfedern ausgestatteter Betteinsatzteil. Mhd. matraz, materaz ‚mit Wolle gefülltes Ruhebett', frz. materas, matelas, prov. almatrac, kat. almatrach, sp. pg. almadraque, engl. materass, ndl. matras, it. matrazzo, woraus die deutsche Form mit -tz entstanden ist.
Kluge 466; Lokotsch 1446.

matt, adj. [arab. māt: er starb]: ermattet, zerschlagen, schlapp. Das Wort ist ein Fachausdruck des Schachspiels, der im Mittelalter vom Orient nach Europa kam. Er gelangte in der ersten Hälfte des 12. Jahrhunderts aus dem Romanischen ins Deutsche. Der arabische Ausdruck aš-šāh māt ‚der König ist gestorben' wird gebraucht mit Bezug auf den König, der dem Angriff des Gegners nicht mehr zu entgehen vermag.
Das arabische Wort lieferte mhd. mat, frz. mat, rum. mat, it. sacco matto, sp. pg. mate, engl. mat, nhd. matt, (schach)matt.
Kluge 466.

Medresse die; -, -n [arab. madrasa: Schule]: theologische Schule des Islam, in der hauptsächlich die Auslegung des Korans und des Hadith (s.d.), kanonische Gesetzeswissenschaft, Dogmatik usw., sowie auch die Hilfswissenschaften derselben wie Grammatik, Rethorik u.a.m. gelehrt werden. Das arabische Wort gelangte über das Türkische ins Deutsche. Die erste Medresse wurde 1067 in Bagdad eröffnet. Heute ist das Wort im Deutschen unbekannt.

Mekkabalsam, der; -s, -e [arab. makka: Mekka]: der von den Arabern nach Europa mitgebrachte Mekkabalsam wurde schnell ein Bestandteil des Salböls (Chrisma); später wurde er durch den aus dem nördlichen Südamerika stammenden Perubalsam ersetzt. Der Mekkabalsam wird von den Arabern zu feinen Parfüms und Salben verwendet. In Bombay heißt er balasán kátél und im Persischen róghane-balasán. Der Mekkabalsam war früher der Balsam par excellence, und von ihm wurde der Name auf die anderen Balsame übertragen.

Merino, der; -s, -s [arab. benī Merīn: Name eines Berberstammes]: ein geköperter, gefärbter oder bedruckter Stoff, meist aus Wolle.
Die Merinoschafe sind nach dem Berberstamm Beni Merin benannt, bei dem sie hauptsächlich gezüchtet wurden.
Das arabische Wort lebt in frz. sp. it. engl. merino.
Seiler 3, 169; Kluge 474.

mesquin adj. [arab. miskīn: armselig, erbärmlich]: armselig, erbärmlich; karg, knauserig. Das arabische Wort lieferte it. meschino, frz. mesquin (1611); hieraus dt. mesquin. Heute ist das Wort veraltet.

Michrab, auch **Mihrab,** das; -s, -s [arab. miḥrāb: Gebetsnische der Moschee]: es zeigt die Gebetsrichtung an. Die Einführung des Mihrabs zur stärkeren Betonung der Mekkawand ist nach E. Kühnel auf das Vorbild der Chorapsis zurückzuführen.
E. Kühnel: Die Kunst des Islam (1962), S. 19.

Minarett, das; -s, -e [arab. manāra: Leuchtturm]: Moscheeturm, von dessen Brüstung der Muezzin die Muslime zum Gebet ruft. Im 17. Jahrhundert gelangte das Wort über türk. mina-

ret in die europäischen Sprachen. Die ältesten Moscheen besaßen keine Minarette, doch wurde das Minarett schon Ende des 7. Jahrhunderts wesentlicher Bestandteil der Moschee.
Das arabische Wort lieferte türk. manaret; daraus frz. minaret (seit 1654), engl. minaret (17. Jh.), sp. minarete, almenara, it. minaretto.
Littmann 63; Lammens 164; Gamillscheg 622; Lokotsch 1463 a; Kluge 478.

Minbar, auch **Mimbar,** der; - [arab. minbar: Kanzel der Moschee]: über einer Treppe erhöht aufgestellter Predigtstuhl in einer Moschee.

Mohammedaner, der; -s, - [arab. nach Mohammed, arab. Muḥammad, dem Stifter des Islam (um 570–632)]: Anhänger der Lehre Mohammeds, des Islam. Diese Bezeichnung wird von den Muslimen auf das schärfste abgelehnt. Für sie ist Mohammed kein Gott, sondern der letzte aus einer Reihe von Propheten des Islam. Die ältere Form Mahometaner gelangte im 16. Jh. ins Deutsche über frz. mahométan.

Mohär oder **Mohair** → Macheier.

Mohatra, die; - [arab. muḫāṭara: Gefahr, Wagnis aus ḫāṭara: wagen, riskieren]: „Ein früher zur Verdeckung des Wuchers oder der Umgehung des Senatus consultum Macedonianum angewendetes verschleiertes Darlehen. Der Darlehensgeber verkaufte eine ihm gehörige Sache zu einem hohen Preise an den Darlehensnehmer und überließ diesem, sich durch den Weiterverkauf Geld zu machen, er hatte dann aber den versprochenen Preis später dem Gläubiger zu zahlen; oder der Darlehensgeber kaufte die verkaufte Sache selbst zu einem billigen Preise zurück; oder der Darlehensnehmer verkaufte eine ihm gehörige Sache zu einem billigen Preise an den Darlehensgeber und verpflichtete sich, dieselbe später von diesem zu einem hohen Preise zurückzunehmen." Brockhaus Konversationslexikon, 14. Auflage (Berlin, 1894).

Das jetzt untergegangene Wort kam aus dem Arabischen über Spanien nach Deutschland.

Mokka, österr. auch **Mocca,** der; -s, -s [arab. moḫa: die Hafenstadt Mocha]: Kaffeesorte; bes. starkes Kaffeegetränk. Der Ausfuhrort der besten Kaffeesorte war früher die Hafenstadt Mocha am Roten Meer, wonach das deutsche Wort Mokka benannt wurde. Das arabische Wort lebt in frz. moka (18. Jh.), engl. mocha.
Lokotsch 1005.

Molla, auch **Mulla,** der; - [pers.-türk. mewlâ aus arab. maula: Herr]: Titel von Geistlichen und Gelehrten, besonders bei den persischen und türkischen Muslimen. Das Wort gelangte im 18. Jahrhundert ins Deutsche über türk. mewla ‚Herr'. In Indien ist der Titel Maulawî seiner Bedeutung und Anwendung nach identisch mit *Ulema* (s. d.).

Monsun, der; -s, -e [arab. mausim: Jahreszeit, Saison]: beständige, jedoch halbjährlich in der Richtung wechselnde Luftströmung, besonders in Indien und Ostasien. Das arabische Wort gelangte nach Europa durch gleichbed. pg. monção, in dem ‚on' aus ‚ou' verlesen wurde. Im Deutschen erscheint das Wort Monsun 1627 und wird durch A. v. Humboldt 1845 eingebürgert.
Vom arabischen Wort stammen pg. monção, sp. monzón, frz. mousson (17. Jh.), it. monsone, mussone, engl. monsoon (18. Jh.), ndl. monsoen.
Littmann 97; Lammens 172; Gamillscheg 637; Eguilaz 458; REW 5439; Lokotsch 1451.

Moschee, die; -, -n [arab. masǧid: Gebetshaus, Stätte der Anbetung; Ort, wo man sich niederwirft]: islamische Anlage mit gedecktem Raum für das gemeinsame Gebet der Gemeinde, zurückgehend auf das Haus des Propheten Mohammed in Medina.

Das deutsche Wort entstand im 16. Jahrhundert aus frz. mosquée, das über sp. mezquita auf arab. masǧid zurückgeht. „Neben den durch Vokalwechsel entstandenen französischen Formen gibt es in früherer Zeit frz. mesquite, engl. meschita, vereinzelt frühnhd. missquit, Formen, die unmittelbar auf das spanische Wort weisen, wie überhaupt auch sonst öfters in den westeuropäischen Sprachen Nebenformen eine Zeitlang neben einander bestehen, bis sich die modern-französische Formgebung durchsetzt." Schulz 2, 156.
Das arabische Wort lebt in sp. mezquita, pg. mesquita, afrz. mosquete, frz. mosquée, it. meschita, moschea, ndl. moskee, engl. mosk, mosque.
Eguilaz 451; Lokotsch 1435; Schulz 2, 156.

Moslim, auch **Muslim,** der; (-s), -s [arab. muslim: der sich Gott unterwirft]: Angehöriger des Islam. Aus dem arabischen Wort muslim wurde durch Anhängen der persischen Endung -ân Musilmân, das in zahlreiche europäische Sprachen übergegangen ist, so frz. und engl. musulman, dt. Muselman(n).

Mozaraber, der; -s, - [arab. mustaʿriba: Fremde unter den Arabern, unechte Araber]: Die Mozaraber sind die Christen im mittelalterlichen Spanien, die unter arabischer Herrschaft lebten. Sie paßten sich ihrer Umwelt an und genossen lange Zeit große Toleranz.
Das arabische Wort lebt in frz. mosarabe, mozarabe, engl. mozarabic, sp. mozárabe, pg. moçárabe.

Mudschahidin, Pl.; - [arab. muǧāhidīn, Pl. von muǧāhid: Kämpfer]: Kämpfer; Freiheitskämpfer; Kämpfer für die Sache Gottes.

Muezzin, der; -s, -s [arab. muʾaḏḏin: Gebetsrufer]: der Gebetsrufer, der fünfmal täglich vom Minarett der Moschee herab die Muslime durch den Gebetsruf die Gebetszeit ankündigt. Der Ruf (arab. aḏān) lautet deutsch: „Gott ist groß (viermal). Ich bezeuge, daß es keinen Gott gibt außer Allah (zweimal). Kommt zum Gebet, kommt zum Heil, Gott ist groß (zweimal).

Es gibt keinen Gott außer Allah (einmal)." Beim Frühmorgengebet wird hinzugefügt: „Das Gebet ist besser als der Schlaf."

Mufti, der; -s, -s [arab. muftī: Rechtsgutachter]: islamischer Rechtsgelehrter, der Gutachten zu einzelnen Rechtsfällen erstellt. Sein Gutachten muß in religionsgesetzlicher Beziehung zu den Verfügungen der Regierung und zu jeder Staatshaltung eingeholt werden. In der Türkei gab es in allen Provinzen von der Regierung eingesetzte Muftis. Das Amt des Muftis wurde in der Türkei 1924 abgeschafft.
Das arabische Wort ist am Ende des 17. Jahrhunderts über Frankreich nach Deutschland gekommen. Es lebt in engl. mufti (16. Jh.), frz. mufti (1628), sp. pg. muftí.
Wartburg 130; Lokotsch 1493; Gamillscheg 638.

Mulatte, der; -n, -n [arab. muwallad: unechter Araber, der aus Mischung von Weiß und Schwarz entstanden ist]: Mischling als Kind eines schwarzen und eines weißen Elternteils.
Das arabische Wort lebt in frz. mulâtre, engl. mulatto, sp. pg. mulato.
Die übliche Anknüpfung an mulus ‚Maultier' beruht nach Kluge auf einer romanischen Volksetymologie.
Kluge 491; Littmann 68.

Mumie, die; -, -n [arab. mūmiyā': einbalsamierter Leichnam]: durch Einbalsamierung oder natürliche Austrocknung vor Verwesung geschützte Leiche. Seit alter Zeit verwendeten die Orientalen Asphalt als Heilmittel, das mit dem pers.-arab. Wort mūm, mōm belegt wurde. Da die Einbalsamierung der ägyptischen Leichen zum Teil mit Asphalt durchgeführt worden war, benutzten die Araber im 9. Jahrhundert den in den Mumien gefundenen Asphalt als Arzneimittel. Die Kenntnis und den Gebrauch dieses Stoffes, wie z. B. für die Mumifizierung, übernahmen die Ärzte des Abendlandes seit dem 17. Jahrhundert aus der Hand arabischer Ärzte.
Das arabische Wort lieferte it. mummia, sp. momia, pg. mu-

mia, rum. mumie, engl. mummy, ndl. mummie, russ. mumija.
Eguilaz 457; Wartburg 130; Lokotsch 1510.

Muselman, der; -en, -en [pers. mosalmân aus arab. muslim: Muslim]: Angehöriger des Islam, Muslim, Moslim. Im Persischen wurde die Pluralendung *-an* angefügt, die im Türkischen als Singular übernommen wurde, woraus Muselman(n) entstanden ist.
Das arabische Wort lebt außerdem in rum. musulman, frz. musulman, it. musulmano, engl. musilman, musulman, türk. müsülman. Das Wort Muselman ist heute veraltet und wird nur scherzhaft benützt.

Musselin, der; -s, -e [arab. mauṣil: Mossul]: feines, lockeres Baumwollgewebe. Das Wort gelangte ins Deutsche über fr. mousseline.

Mütze, die; -, -n [arab. mustaqah: Pelzmantel mit langen Ärmeln]: in verschiedenen Formen gefertigte, überwiegend aus weichem Material bestehende Kopfbedeckung mit oder ohne Schirm.
Das arabische Wort lieferte mlat. almutia, armutia, das ein Staatskleid der Geistlichen mit Kapuze, dann – verkürzt – eine Kopfbedeckung bezeichnet. Das mittelalterliche Wort ist Quelle für spätmhd. mütze, mutze, das verkürzte Nebenform von gleichbed. armuz, almuz ist. In den romanischen Sprachen heißt es: afrz. amuce, frz. aumusse, prov. almussa, sp. àlmucio, siz. almúziu. Auf das arabische Wort gehen auch dt. Muskete, frz. mousquet, it. moschetto zurück.
Lokotsch 1520; Kluge 497; Justi, in: Zs. f. dt. Alt. 45, 420 ff.; Deutscher Wortatlas 12.

Myrrhe, die; -, -n [arab. murr, Abkürzung von murr aš-šağara: Koloquinte]: die Myrrhe ist wie Weihrauch seit den ältesten Zeiten ein religiös hochgeschätztes Räuchermittel, und dient auch als Arznei. Ihr alkoholischer Auszug ist die Myrrhentinktur (zu adstringierenden Mundwässern). Das arabische Etymon lieferte mhd. mirr(e), lat. murra, myrrha, gr. myrra.

N

Nabob, der; -s, -s [arab. nuwwāb: Stellvertreter, Mehrzahl von nā'ib, Ehrentitel für die Provinzgouverneure in den islamischen Reichen Indiens]: Nabob war in Indien der Titel von islamischen Statthaltern. Seit 1764 war dieser Titel in England und Holland Spitzname für jeden, der reich aus Indien zurückkehrte. Heute wird das Wort im Deutschen abwertend für einen sehr reichen Mann gebraucht.
Das arabische Wort lieferte frz. nabab (18. Jh.), engl. nabob, sp. nabab, sp. pg. nababo, rum. nabab, nababis, ndl. nabob.
Eguilaz 641; Devic 172; Lokotsch 1542.

Nadir, der; -s [arab. naẓīr (as-samt): (dem Zenit) entgegengesetzt]: der dem Zenit genau gegenüberliegende Punkt der Himmelskugel.
Das arabische Wort lieferte kat. sp. pg. engl. frz. rum. nadir, it. nadiro.
Lokotsch 1565.

Naib, der; -s [arab. nā'ib: Vertreter]: Titel für Beamte in islamischen Staaten. Durch türkische Vermittlung war das Wort im 19. Jh. für ‚Dorfrichter, Notar' bekannt.

Naphtha, das; -s, selten: die [arab. nafṭ: Erdpech]: Schwerbenzin als wichtiger Rohstoff für die petrochemische Industrie.
Naphtha, durch das griech.-lat. naphta vermittelt, stammt vom arab. nafṭ ‚Erdpech', abgeleitet vom Vb. nafaṭa ‚aufwallen, sich entzünden', das letzten Endes über aramäisch naphtā aus ass. naptu abzuleiten ist. Im Heere der abbasidischen Kalifen spielten die Naffāṭūn (Naphtatruppen) schon frühzeitig eine Rolle. In der ersten Hälfte des 19. Jahrhunderts war *Naphtha* in den folgenden Zusammensetzungen bekannt: Salpeternaphtha, Essignaphtha, Vitriolnaphtha, Bergnaphtha.

Das arabische Wort lebt in türk. naft, neft, frz. naphta, rum. nafta, naft.
Eguilaz 462; Lokotsch 1538.

Natron, das; -s [arab. naṭrūn: Natron]: weißes, kristallenes Natriumsalz der Kohlensäure, das wegen seiner gaserzeugenden Wirkung in Back- und Brausepulver sowie als Arzneimittel gegen Sodbrennen verwendet wird.
Das durch die Alchimisten vermittelte arabische Wort liegt sp. natrón, frz. engl. natron zugrunde. Im Deutschen ist es seit 1526 belegt und seit dem 18. Jahrhundert allgemein bekannt: „Die Wäscherinnen brauchen es auch zum Einsalzen des Fleisches; man braucht es gleich dem Borras, die Metalle zu reinigen und sie in Fluß zu bringen." Zedler 2, 19.
Lokotsch 1567; Kluge 504.

Nenuphar, der; -s [arab. nainūfār: Seerose]: Seerose.
Das arabische Wort stammt selbst von pers. nilūfar, das auf sanskr. nīlōphala zurückgeht. Die Entlehnung des Namens aus dem Arabischen hängt mit der Verwendung der Wurzelknollen in der arabischen Medizin als Antiaphrodisiacum zusammen. Das arabische Wort lebt in mlat. nennufar und frz. nénuphar (13. Jh.).
Dozy 324; Eguilaz 464; Lokotsch 1570; Wartburg 137.

Noria, die; - [arab. nāʿūra: Wasserschöpfwerk]: Wasserschöpfwerk. So genannt vom Laut, den sie hervorbringt, aus dem arab. Verb naʿara für ‚schnauben', ‚den Atem heftig durch die Nase ausstoßen'. Über den Fachausdruck berichtet v. Oppenheim folgendermaßen: „Die Nāūra sind unseren Baggermaschinen ähnlich, mit einem in Fluß befindlichen Rade, das von der Strömung selbst getrieben wird. Die an dem Rade befestigten Tongefäße entleeren sich in eine Rinne, welche das Wasser landeinwärts führt. Um den Wasserdruck zu verstärken, ist gewöhnlich ein Steindamm in den Fluß eingebaut. Obgleich der größte Teil des Wassers bei den Umdrehungen dieser primitiven Schöpfwerke verloren geht, bevor es sich in die Rinne entleert,

ist ihre Leistung ziemlich beträchtlich. Sie stehen gewöhnlich Tag und Nacht in Betrieb, haben aber den großen Übelstand, daß sie zu arbeiten aufhören, sobald das Niveau des Flusses unter die Peripherie des Rades fällt. Mit der Erbauung dieser Schöpfwerke beschäftigt sich eine eigene Klasse von Einwohnern, deren Kunst sich vom Vater auf den Sohn vererbt." Max Freiherr von Oppenheim, Vom Mittelmeer zum Persischen Golf.
I. Berlin 1899, S. 333/334.
Das arabische Wort lebt auch in sp. frz. siz. noria, pg. nora.

O, P

Okka oder **Oka,** die; - [arab. ūqijah Maßeinheit]: alte türkische Maßeinheit der Masse oder des Volumens (zwischen 1 und 1,3 kg.). Die Türken übernahmen das arabische Wort als Handels- und Münzgewicht und verbreiteten es in Europa. Heute ist das Wort im Deutschen unbekannt.

olé [sp. olé aus arab. wa-l-lāh(ī): bei Gott]: spanischer Ausruf mit der Bedeutung: los!; auf!; hurra!

Orange, die; -, -n [arab. nāranǧ: Apfelsine]: Apfelsine.
Das arabische Wort geht auf pers. nārāng zurück. Es handelt sich um den Baum mit der glühend-rotgoldenen, bitter-aromatischen Frucht citrus aurantium amarum. Dieser Baum kam im 11. Jahrhundert durch arabische Vermittlung nach Sizilien. Von dort verbreitete er sich nach den anderen europäischen Ländern. Die süße Orange, citrus aurantium dulce, kam durch die Portugiesen im 16. Jahrhundert aus China, verdrängte dank ihres süßen Geschmacks die ältere bittere Frucht und erbte ihren Namen. Der erste Beleg im Neuhochdeutschen ist bei Konrad Mengenberg 1350 im Buch der Natur 318, 16: „Der paum arans ... Die öpfel die dā haizent aranser von dem paum arans."

Das arabische Wort lebt in pg. laranja, sp. naranja, kat. naronja, it. arancia, mailänd. naranz, venez. naranza, frz. orange, engl. orange.
Lokotsch 1555; Wartburg 139; Eguilaz 463; Dozy 324.

Ottoman, der; -s, -e [arab. ʿuṯmān: Osman]: Gewebe, schwerer Stoff mit breiten, ausgeprägten Rippen, der besonders als Dekorationsstoff verwendet wird.
Das Wort gelangte über frz. ottoman ‚osmanisch, türkisch' ins Deutsche. Heute ist das Wort im Deutschen unbekannt.

Ottomane, die; -, -n [arab. ʿuṯmānī: osmanisch, türkisch]: Sofa ohne Füße, ohne oder mit niedriger Rücklehne und niedrigen Seitenlehnen.
Das arabische Wort gelangte über frz. ottomane, Abkürzung von *chaise ottomane* ins Deutsche. Das französische Wort leitet sich ab von arab. ʿuṯmānī: osmanisch, dem Adjektiv zum Eigennamen ʾuṯmān ‚Osman', Name des Begründers der türkischen Kalifen-
dynastie (1259–1326). Nach ihm wurde das typische Ruhebett der Türken benannt. Das arab. Wort lieferte auch it. ottomana, sp. otomano. Kluge 526; Lokotsch 2144.

Papagei, der; -(e)s u. -en, -en [arab. babbaġāʾ: Papagei]: gelehriger, prächtiger tropischer Vogel. Das arabische Wort lieferte sp. papagayo, it. papagallo. Es kam im 15. Jahrhundert über fr. papagei ins Deutsche.

Q, R

Quetsche, die, -, -n → Zwetsche.

Racket, das; -s, -s [arab. rāḥa: Handfläche]: Tennisschläger.
In arab. rāḥa ‚Handfläche' wurzelnd, über frz. raquette wurde der Begriff im 16. Jahrhundert ins Deutsche übertragen.

Das Ballspiel war in Frankreich schon früh (14. Jh.) sehr beliebt und gelangte von dort aus dann in die anderen europäischen Länder.
Das arabische Wort lebt außerdem in it. rachetta, sp. pg. raquetta, engl. racket, ndl. raket. Ältere Formen im Deutschen sind: Raket (1664), Rakete (1881).
Lokotsch 144; Wartburg 144.

Rais, der; -, -e [arab. ra'īs: Chef]: in den arabischen Ländern Titel des Präsidenten in Verbindung mit dem Personennamen.

Raki, der; -s, -s [arab. ʿaraqi: Anisschnaps]: Türkischer Branntwein aus Anis und Rosinen. Im Orient der Arrak, auch ein Likör, gemeinhin jeder Branntwein.
Durch den Handel mit Kleinasien kam das arabische Wort ʿaraqī ‚Anisschnaps' in der entstellten türkischen Form raqi ‚Branntwein' nach Frankreich und von hier nach Deutschland, s. Arrak.
Wartburg 145.

Ramadan, der; -s [arab. ramaḍān: der heiße Monat, Ramadan]: der neunte Monat des islamischen Mondjahres, in dem sich jeder Muslim (mit Ausnahmen wie Kranke usw.) von Tagesanbruch bis Sonnenuntergang des Essens, des Trinkens und des Beischlafs enthalten muß.
Das arabische Wort gelangte im späten Mittelalter aus dem Orient in die europäischen Hafenstädte, etwa Genua und Marseille, und fand von dort aus Verbreitung.
Wartburg 146.

Ras, der; -, -(e) [arab. ra's: Kopf, Spitze, Stammesoberhaupt]: in geographischen Namen: Kap, Berg, Vorgebirge, Berggipfel.

Rasse, die; -, -n [arab. ra's: Kopf, Ursprung]: Art, die sich durch bestimmte erbliche Merkmale von anderen unterscheidet.
Die Herkunft des Wortes war lange ungeklärt. Einige Autoren brachten Rasse mit reiza ‚Strich, Linie' in Verbindung. Andere

sahen in Rasse eine Verwandte von Generation und leiteten it. razza aus lat. generatio ‚Zeugung' ab. Seit dem Nachweis, den Oberhummer 1928 in der Wiener Akademie führte, steht fest, daß das Wort vom arab. ra's ‚Kopf, Ursache' kommt. Das Wort gelangte im 16./17. Jahrhundert mit französischer Schreibweise ins Deutsche, und zwar zunächst in der allgemeinen Bedeutung ‚Art, Gattung, Geschlecht, Stamm'. Seit dem späteren 18. Jahrhundert als Fachwort für botanische oder zoologische Unter-, Stamm- bzw. Spielarten gebräuchlich. Als ethnologischer Einteilungsbegriff wurde Rasse im 19. Jahrhundert mit Volk gleichgesetzt. Im 20. Jahrhundert machte der Nationalsozialismus das Wort zum zentralen Bestimmungswort vieler Neuprägungen, wie Rasserecht, Rassegefühl, Rassewert, Rassenhaß, Rassenbewußtsein, Rassenhygiene, Rassenpflege, Rassenschutz, Rassenschande, rassisch u. a. m.
Das arabische Wort lieferte sp. raza, it. razza, frz. engl. race.
Eguilaz 482; Lokotsch 1701; Oberhummer (1935), (Forsch. u. Fortschr. 11, 265); Schulz 3, 150.

Razzia, die; -, -ien, selten: -n [arab. (algerisch) ġāziya, zu arab. ġazwa: Kriegszug]: eine von der Polizei oder von Sicherheitskräften überraschend durchgeführte, oft örtlich begrenzte Durchsuchung von Bezirken, Lokalen u. a.
Das arabische Wort kam über frz. razzia ‚Kriegszug, Beutung' 1841 nach Deutschland. Im 19. Jahrhundert wurde das Wort zur Bezeichnung der Beutezüge in Algerien gebraucht, die die Gewalthaber gegen ihre Feinde oder gegen Abtrünnige oder widerspenstige Stämme unternahmen, um sie durch Vernichtung ihrer Wohnplätze oder Plündern ihrer Herden zu schädigen. Dann wurde die Bedeutung auf Aktionen französischer Truppen gegen die Araber in Algerien übertragen. Das arabische Wort lebt in frz. razzia (19. Jh.), pg. gázua, gaziva, rum. razzia fort.
Lokotsch 701; Schulz 4, 171; Littmann 67.

Realgar, der; -s, -s [arab. rahǧ al-ġār: Pulver aus der Höhle]: rotes Schwefelarsenik.

Man kannte Realgar in der Antike als Farbstoff und als Mittel gegen bösartige Geschwüre. Aristoteles kannte schon die giftige Wirkung des Realgars auf Mäuse. Im Maghreb heißt *Realgar* rahǧ al-fār ‚Pulver für die Mäuse' und wird auch zum Vergiften von Mäusen verwendet.
Das arabische Wort lieferte kat. realgar, sp. rejalgar, pg. rosalgar, it. risigallo, frz. réalgar (seit 16. Jh.), engl. realgar.
Dozy 332; Eguilaz 482; Lokotsch 1685; Corom. 3, 1078; Wartburg 145.

Rebab, der, -,- [rabāba: Streichlaute]: zweiseitige Streichlaute.

Rebbach, der, -s → Reibach.

Reibach, der, -s [arab. ribḥ: Gewinn]: (durch Manipulation erzielter) unverhältnismäßig hoher Gewinn bei einem Geschäft.

Ries, das; -es, -e [arab. rizma: Papierstoß]: Menge von tausend Stück (Maß für das Zählen von Papierbogen). Bei Adelung (1811) ist es „ein im Papierhandel übliches Wort, welches eine Quantität Papier von 20 Buch oder 480 Bogen bezeichnet. Bey den Papiermachern hingegen hält ein Rieß drey Buscht, oder 546 Bogen." 2, 1114. „Das Papiermachen hatten die Araber von den Völkern des östlichen Asiens gelernt und diese Kunst auch nach Sizilien und Spanien verpflanzt, sie aber sorgfältig geheim gehalten. Erst durch die Kreuzzüge wurde sie auch den abendländischen Völkern bekannt, und auch in Deutschland entstanden am Ende des 14. Jahrhunderts Papiermühlen in München, Nürnberg und anderen Orten ... Die Maßeinheit des Papiers, das Ries, mhd. riz im 16. Jahrhundert auch Reiß, geht durch it. risma auf arab. rizma ‚Ballen, Pack, speziell Papierstoß' zurück." F. Seiler, Die Entwicklung der deutschen Kultur im Spiegel des deutschen Lehnworts. II, 241 f.
Das arabische Wort lebt fort in sp. pg. resma, kat. raima, it. risma, frz. rame, engl. ream, ndl. riem. Als Entlehnung vom it.

risma erscheint im 14. Jahrhundert ris, ries, im 16. Jh. Reiß, seit dem 18. Jh. Ries. Heute ist das Wort veraltet.
Wartburg 147; Lokotsch 1732; Seiler II, 241 f.

Risiko, das; -s, -s u. ... ken [arab. rizq: der von Gottes Gnade oder Geschick abhängige Lebensunterhalt]: Wagnis, Gefahr, Verlustgefahr.
Unter Einfluß der italienischen Kaufmannssprache ist das Wort Mitte des 16. Jahrhunderts aus gleichbed. it. risico, risco < arab. rizq entlehnt worden.
Das arabische Wort lebt fort in sp. arrisco, riesgo ‚Gefahr', pg. risco ‚Wagnis', it. risico, risco, frz. risque, rum. rizic.
Devic 194; Jacob 97; Lokotsch 1721.

Rob oder **Roob** oder **Robb** [arab. rubb: Saft]: eingedickter Fruchtsaft, bis Ende des 19. Jahrhunderts in der Apothekersprache noch bekannt. Heute lebt das Wort im Deutschen nicht mehr.
Das arabische Wort lebt noch in sp. rob, arrope, kat. rop, pg. robe, arrobe, frz. rob, it. robba, rob, ndl. rob, engl. rob.

Rochade, die; -, -n: Doppelzug im Schachspiel, bei dem König und Turm bewegt werden. → rochieren.

Roche, der; -n, -n: Turm im Schachspiel → rochieren.

rochieren V. [arab. ruḫḫ: Turm im Schachspiel]: im Schachspiel eine Rochade ausführen. Das arabische Wort lieferte mhd. roch, afrz. roc, sp. roque.
Die Rochade kennt man in Deutschland erst im 16. Jahrhundert.
Kluge: Etymologisches Wörterbuch, 1989; Weigand: 2, 595.

S

Sackerfalke, der; -n, -n [arab. ṣaqr: Würgfalke]: Würgfalke. Die Jagd mit Falken war im feudalen Europa des Mittelalters sehr beliebt. Kaiser Friedrich II., der Herrscher von Sizilien, schrieb ein Buch ‚De arte venandi cum avibus', in dem er die Falkenkappe als eine arabische Erfindung bezeichnete. Brehm zitierend, berichtet Wartburg (p. 151) über den Ursprung des Wortes folgendermaßen: „Nun ist aber der arabische einfluß auf die falkenjagd und ihre terminologie nicht unbedeutend ...; vermittelt hat dabei vor allem Sizilien. Dazu kommt, daß der sackerfalk in den rom. und germ. ländern Europas nicht einheimisch ist und in freiheit fast gar nicht vorkommt ... Wohl aber ist er sehr verbreitet in Westasien und Nordafrika, etwas weniger in Südosteuropa. Diese verbreitung des vogels macht entlehnung seines namens aus ar. ṣaqr sehr wahrscheinlich." Das arabische Wort lieferte mlat. sacer, sp. pg. kat. sacre, frz. sacre, it. sagro, sacro, mhd. sacker, nhd. Sackerfalk, engl. saker.
Wartburg 151; Lokotsch 1799; Dozy 338; Eguilaz 448; Corom. 4, 113; Suolahti 333 f.

Sadr, der; - [arab. ṣadr: Brust, vorderster Teil einer Sache]: Vorsitzender, Präsident; früher ein in der Türkei und Ostindien häufiger Titel. Sadāret war die Bezeichnung für die Würde eines Sadr. *Sadr (i)asem* ‚der höchste Sadr' hieß in der kaiserlichen Türkei der Großwesir. Seine Würde wurde 1922 abgeschafft. Heute lebt das Wort Sadr im Deutschen nicht mehr.

Safan [arab. safan: was zum Glätten dient, zum Verb safana: schälen]: weißes Fischbein. Das Wort ist heute untergegangen.
Fleischer in: Berichte über die Verhandlungen der Königlich Sächsischen Gesellschaft der Wissenschaften zu Leipzig, XXI, 43; Lokotsch 1752.

Safar auch Safer, der; - [arab. ṣafar]: Name des zweiten Monats im islamischen Mondjahr.
Das arabische Wort lebt in türk. sefar, frz. safar fort.
Devic 60.

Safari, die; -, -s [arab. safar: Reise, Fahrt]: im frühsten 20. Jahrhundert unter englischer Vermittlung entlehnt aus Kisuaheli, vom arabischen Wort *safar* Reise, Fahrt ursprünglich in der Bedeutung ‚eine mehrtätige Reise mit Trägerkarawane in Ostafrika, besonders zu Jagd- und Forschungszwecken'. Heute im Tourismus hat es die Bedeutung: eine mehrtägige Fahrt in Afrika, deren Attraktion das Tierbeobachten, Photographieren und Jagen von Großwild darstellt. Im Bereich der Wohn- und Kleidungsmode entstanden Zusammensetzungen wie Safarihemd, Safarisessel, Safarilook für Gegenstände mit lässiger, legerer Note.
-safari, als Grundwort in Zusammensetzungen mit Substantiv hat die Bedeutung: Reise, die unternommen wird, um etwas Bestimmtes näher kennenzulernen, z. B. Fotosafari, Stadtsafari.
Lokotsch 1879.

Saflor, der; -s, -e [arab. zaʿfarān]: Färbedistel, Feldsafran, ein Distelgewächs, das in Ostasien zu Hause ist. In Anlehnung an Safran und Flor lieferte das arabische Wort it. asf(i)ori; hieraus siz. úsfaru, frz. safleur, engl. safflow, sp. alazor, pg. alaçor.
Der Saflor wurde früher in viel ausgedehnterem Maße als heute in Deutschland kultiviert und zum Färben benutzt. Er wird hie und da noch bei Tübingen, im Elsaß und am Bodensee angepflanzt. Seine Bedeutung als Färbepflanze hat durch Erfindung roter Teerfarben wesentlich abgenommen. Die Araber brachten im Mittelalter den Saflor aus Ägypten und machten Europa damit bekannt. Sie benutzten die ölhaltigen Samen als Heilmittel gegen Gelb- und Wassersucht.
Corom. I, 345; Lokotsch 2178; Wartburg 202; Diez 345; Eguilaz 317.

Safran, der; -s, -e [arab. zaʿfarān]: eine Krokusart, von der Blüteteile als Farb- und Gewürzmittel verwendet werden.

Der Safran war bereits im Altertum bekannt. Er wurde schon damals als Färbemittel und zur Herstellung von Arzneien verwendet. Die Araber übernahmen von den Griechen und den Römern die Verwendung des Safrans als Heil- und Färbemittel und bürgerten seine Kultur seit dem 10. Jahrhundert in Spanien ein. Da der Safran von den arabischen Ärzten als heilkräftiges Mittel sehr empfohlen war, so fand er reichliche Anwendung in der abendländischen Medizin. Sonst brauchte man ihn als Küchengewürz, als Farbstoff oder auch als Parfüm.
Das arabische Wort lebt in asp. açafran (13. Jh.), pg. açafrão, sp. azafrán, frz. safran, engl. saffron, ndl. saffraan, fläm. solferaan, siz. zaferana, it. zafferano, kat. safrán.
Wegen des hohen Preises des echten Safrans versucht man die Blüte mit Saflor zu fälschen; auch eine Beschwerung durch Zusatz von Zucker, arabischem Gummi, Honig, Glyzerin, Kreide und Gips wird zuweilen vorgenommen. Heute gebraucht man die röhrenförmigen Narben des echten Safrans als intensives Färbemittel für verschiedene Teigwaren sowie für Butter und Käse und als Gewürz.
Diez 345; Lokotsch 2178; Wartburg 202; Corom. 345; Eguilat 317; Heyd 2, 655.

Sahara, die; - [arab. ṣaḥrā': Wüste]: die große Wüste in Nordafrika, wird im Norden durch die Hochländer der Berberei, im Süden durch den Sudan, im Westen durch das Atlantische Meer und im Osten durch das Rote Meer begrenzt.
Eguilaz 488; Lokotsch 1766.

Sahel [arab. sāḥil: Küste]: Bezeichnung für Ebene als Niederung, auch Meeresgestade, besonders 1) ein Wadi (s. d.) und das Küstengebiet im Kabylenland (Algerien); 2) ein wechselnd breiter Streifen in Westafrika, von der Senegalmündung ostwärts bis über den Tschadsee hinaus.

Sahib, der; -s, -s [arab. ṣāḥib: Freund]: in Persien, Indien und Pakistan üblicher Titel der Europäer. Die Mehrzahl Aṣḥāb bezeichnet besonders die Gefährten Muhammeds. Das arabische

Wort wird ohne Artikel als Anrede benutzt. Es gelangte über Urdu ṣāḥıb ins Deutsche.

Salam (alaikum)! [arab. salām (ʿalaikum): Friede (mit euch)!]: der Ausdruck ist heute veraltet und wird noch scherzhaft als arabische Grußformel gebraucht.
Das arabische Wort lebt in frz. salamalec (1559), engl. salaam, it. salamelecche, Bologna salamelecc, Alessandria salamalech, sp. zalamelé fort. Es wurde auch in mittelalterlichen literarischen Texten des 10. Jahrhunderts erwähnt.
Wartburg 151; Corom. 4, 811; Lokotsch 1803; Eguilaz 522; Littmann 66.

Salep, der; -s, -s [vulgärarab. saḫlab, aus arab. ḫuṣa aṯ-ṯaʿlab: Fuchshoden]: Bezeichnung für die Wurzel verschiedener Arten des Knabenkrautes (Orchis) und das daraus bereitete Pulver, das, mit Wasser gekocht, ein schleimiges, nahrhaftes Getränk gibt. Salep galt bei den arabischen Medizinern als Mittel zur Wiedererlangung der Zeugungskraft. In der Türkei ist Salepschleim mit Honig Morgengetränk.
Das arabische Wort lebt fort in frz. salep (seit 1740). In den anderen romanischen Sprachen ist das Wort erst im 19. Jahrhundert belegt: sp. rum. salep.
Wartburg 149; Lokotsch 2001; Ahmed Issa Bey 129, 8.

Sambak, der; -s [arab. zanbaq: der arabische Jasmin]: der arabische Jasmin; die indische Nachtblume (Jasminum oder Nyctanthes Sambac). In Ostindien werden die Blumen in Häusern und Tempeln gestreut und in China zum Parfümieren des Tees benutzt.
Devic 61.

Sambuk [arab. sanbūq: kleines Boot]: ein kleines Segelschiff. „Die Barken, von den Arabern Sembuk genannt, sind kleine Baggelows von 80 bis 180 Tonnen Gehalt. Während sie nach vorn in einen spitzen Schiffsschnabel auslaufen, ist das Hinterteil des Schiffes unverhältnismäßig breit und hoch über dem

Wasser erhoben, um das Gegengewicht zu bilden gegen das dreieckige, kolossale Segel, welches an der Spitze des Mastbaumes in einer Ausdehnung angebracht ist, daß oftmals die Breite der Yardstangen die Länge des ganzen Schiffes übertrifft." Zeitschrift der deutschen Morgenländischen Gesellschaft XII, 420.

Das arabische Wort lebt fort in frz. sambuque (16. Jh.), pg. sambuco (16. Jh.), it. zambuck (16. Jh.).

Kindermann, Schiff im Arabischen (1934); Littmann 97; Lokotsch 1824.

Samum, der; -s, -s [arab. samūm: Giftwind]: trockenheißer Wüstensturm in der nördlichen Sahara und in Vorderasien. Er weht in raschen Stößen, was die Wüstenbewohner besonders stört und krank macht; daher die arab. Bezeichnung samūm ‚Giftwind', zu summ ‚Gift'. „Todesfälle bei Samum sind Folge starker Austrocknung; auch wird das Verdunsten des Trinkwassers in den Schläuchen gefährlich. Der Himmel rötet sich dort, von wo er kommen wird; man hört ein heftiges fernes Brausen. Staub und Sand werden hoch in die Luft geführt. Der Samum trocknet aus; es entstehen großer Durst und Übelkeit. Gewöhnlich kommt der Samum an 2–3 Tagen hintereinander." Meyers Lexikon, Bd. 10 (1929).

Sandelholz, das [arab. ṣandal: Sandelholz]: Der in Indien wachsende Baum Pterocarpus santalina liefert das Holz altind. candana, das über pers. cändäl und arab. ṣandal nach Europa gelangte.

Die Hindus benutzten das wohlriechende Holz zur Herstellung von Götzenbildern. Die Buddhisten schnitzen mit Vorliebe Rosenkränze daraus, und die Chinesen mischen das Holz mit Weihrauch und benutzen es als Räuchermittel in den Tempeln und bei Leichenbegängnissen. Auch die wohlhabenden Araber und Inder räuchern in ihren Häusern mit Sandelholz und lassen sich daraus auch Pfeifenrohre schneiden. Schon in der Frühzeit der Schiffahrt der Araber nach Indien und China bildete das

Sandelholz eine ihrer Lieblingswaren. Von dort aus brachten sie es im 8. Jahrhundert nach Europa.
Das arabische Wort lebt in it. sándalo, sp. pg. sándalo, frz. sandale, engl. sandal, ndl. sandelboom.
Wartburg 153; Lokotsch 1852.

Sarazenen, pl. [arab. šarqijjūn: Morgenländer]: das ist die ursprüngliche Benennung für Muslime und alle nicht-christlichen Völker, gegen welche die Kreuzzüge unternommen wurden.
Das arab. Elymon lieferte mlat. saracenus, mhd. sarrazen.
Lokotsch 1865; Littmann 68; Lamm. 57/58; Eguilaz 348; Weigand II, 650.

Satin, der; -s, -e [arab. zaitūnī: Seide aus Zaitun (= Hafen Tseutung in China)]: Gewebe, Stoff in Atlasbindung mit glatter, glänzender Oberfläche. Mhd. satin ‚Seidengewebe' ist entlehnt aus afrz. satin, das durch spanische Vermittlung (sp. aceituni) aus arab. atlas zaitūnī ‚Seide aus Zaitun' stammt. Das ist der arabische Name der chinesischen Hafenstadt Tseutung an Fo-kien, wo diese Seide hergestellt wurde.
So lieferte das arabische Wort sp. aceituné (seit 14. Jh.), kat. satī (15. Jh.), it. satino (15. Jh.), mfrz. zatona, frz. satin (14. Jh.), ndl. satijn, engl. satin, türk. saten.
Lokotsch 2188; Kluge 625.

schachmatt, adj. [arab. aš-šāh māta: der König ist gestorben]: völlig erschöpft, matt.

Schaube, die; -, -n [arab. ǧubba: Obergewand mit langen Ärmeln]: weiter, faltiger, vorn offener, pelzbesetzter Mantelrock. Arab. *ǧubba* gelangte über it. guibba im 14. Jahrhundert nach Deutschland und entwickelte sich zu spätmhd. schūbe, schoube, nhd. Schaube, Joppe (s. d.). Die Schaube wechselte mit der Mode. Anfänglich reichte sie beim begüterten Bürgerstand bis auf die Knie, bei den höchsten Ständen bis zu den Knöcheln. Häufig hingen die Ärmel der Schaube zur Hälfte herab und die Arme wurden durch einen Längsschlitz im Oberärmel gesteckt.

Allmählich ging sie, schleppenartig verlängert, auch auf die Frauen über. Bis zum Ende des 18. Jahrhunderts heißen die Talare der Geistlichen und der Gelehrten Schauben. Der schaubenartige Überwurf ist noch heute Amtstracht der Hamburger Senatoren.
Jetzt gibt es das Wort nur in den schwäbischen und alemannischen Mundarten als Schuben, Schaupe. Es bezeichnet dort einen vorn offenen Überrock der Männer.
Das arabische Wort lebt fort in it. guippa, guibba, frz. jupe (12. Jh.), jupon (seit 14. Jh.), it. guipone, siz. jippuni, sp. jupón, pg. jubão, sp. aljuba, chupa.
A. Götze (1928), Zs. f. dt. Bildung 4, 415; Lokotsch 737; Littmann 95; P. Post, Herkunft und Wesen der Schaube in: Zschr. für histor. Waffen- und Kostümkunde, Neue Folge, Bd. I, 1923.

Schebecke, die; -, -n [arab. šabbāk: kleines Schiff mit drei Segeln]: „Ein im mittelländischen meere gebräuchliches kleines dreimastiges kriegsfahrzeug, das mit segeln und rudern getrieben wird, bes. zum kreuzen verwandt.“ DWB VIII, 2381. Bis zum Ende des 18. Jahrhunderts war das Wort im Deutschen allgemein bekannt. Im 17. Jahrhundert war das Schiff ein bevorzugtes Fahrzeug der Seeräuber der Barbareskenstaaten. Die Schebecke ist als Weiterentwicklung der Galeere zu sehen.
Aus dem arabischen Wort stammen kat. xabec, sp. jabeque, pg. xaveco, apg. enxabeque, it. sciabecco, engl. xebec.
Dozy 352; Eguilaz 426; Corom. 2, 1020; Lokotsch 1740.

Scheich, der; -s, -s [arab. šaiḫ: Stammesoberhaupt, Greis, Alter]: im Orient Ehrentitel; in der islamischen Geistlichkeit Professor, Prediger; Stammes- und Ortsvorsteher. Heute wird das Wort in der Umgangssprache für einen weichlichen, unangenehmen Menschen gebraucht, auch scherzhaft für einen Freund oder Liebhaber.
Das arabische Wort lieferte frz. cheik (13./14. Jh.), sp. jeque, it. sceicco, engl. sheik(h), ndl. sjeik.
Lokotsch 1775; Lammens 86; Littmann 67.

Scherbett, der oder das; -s, -s → Sorbet und Sirup.

Scheria, auch **Scharia**, die; - [arab. šarīʿa]: das kanonische Recht des Islam, d. h. die Gesamtheit von Allahs Geboten, die sich auf das „forum externum“ der Betätigungen eines Menschen beziehen, während aḫlāq ‚Ethik‘ sich mit dem „forum internum“ befaßt, dem inneren Bewußtsein, den Motiven und Vorhaben des Herzens.
Sayid Mujtaba: Westliche Zivilisation und Islam, Ghom-Iran 1977.

Scherif, der; -s, -s [arab. šarīf: vornehm, hochgeehrt]: Titel der Nachkommen des Propheten Mohammed. Streng genommen sind nur die Abkömmlinge Ḥassans, des Enkels des Propheten, Scherifs und werden von den Abkömmlingen des Ḥussein, die den Ehrentitel Sajjid führen, unterschieden. Höchstes Ansehen genoß bis 1924 der Scherif oder Statthalter von Mekka.
C. van Arendonk u. E. Lévi-Provenc ̈ (1936), S. 349/354 und 415/418; Devic 93; Eguilaz 431; Lokotsch 1852; Corom. 2, 1039; Wartburg 172.

Schia, die; - [arab. šīʿa: Partei]: „Schiʿa ist ein arabisches Wort, das sowohl Anhängerschaft wie Partei bedeutet. Es wurde erstmals von einer Gruppe von Muslimen verwendet, die sich Ali, dem Schwiegersohn des Propheten, anschlossen. Diese Anhängerschaft behauptete sich auch nach dem Tod des Propheten, doch nahm sie die konkrete Form einer einflußreichen Rechtsschule erst an, nachdem Ali, der vierte Kalif, gestorben war. Professor Asaf Fyzee, der selbst der Schiʿa angehört, schreibt: ‚Als das Kalifat nach dem Tod der ersten vier Kalifen in die Hände der Omaijaden fiel und die Religion zum Spielball politischer Ambitionen wurde, war es der Mord an Hussein, dem Enkel des Propheten, der der Schiʿa zu ihrem offiziellen Status verhalf. Diese Glaubensrichtung bewahrte die Erinnerung an die Tragödie von Karbala, führte das Amt des Imams ein, dem sich fortan die Liebe zuwandte, die üblicherweise dem Begründer des Islams entgegengebracht wurde, und schuf in systematischer Arbeit eine Theologie (kalām) und eine Rechtsordnung (fiqh), die von der Auffassung der Sunniten abwich.' Mit Ausnahme der schiitischen Auffassung von der Unfehlbarkeit des Imams oder des Kalifen, die die Sunniten entschieden ablehnen, und einem unterschiedlichen Vorgehen bei der Beglaubigung der Echtheit von Überlieferungen, das auf subjektive politische Grundsätze zurückzuführen ist, bestehen keine großen Unterschiede zwischen den beiden Rechtsschulen." Said Ramadan: Das islamische Recht, 1980, S. 83.

Schiiten, Pl. → Schia.

Schirokko, der; -s, -s [arab. šarqī: östlich, zu šarq: Osten, šurūq: Sonnenaufgang]: Im Mittelmeergebiet ein sehr warmer Südwind. In Italien, Dalmatien und auf dem Balkan ist er feuchtheiß, auf der Nordseite von Gebirgen föhnig, in Spanien, Nordafrika und Vorderasien trocken-heiß.
Das Wort ist über it. scirocco zu Beginn des 19. Jahrhunderts entlehnt worden. Das arabische Wort lieferte it. scirocco, pg. xaroco, auch siroca, kat. celyok, sp. jaloque, siz. sciloccu, frz. siroc. Aus den europäischen Formen mit ‚l' hat das Arabische das Wort šalūk, zurückentlehnt.
Wartburg 172; Diez 287; Lokotsch 1856; Corom. 2, 1029.

Sennesbaum, der; -s, ¨-e [sanā: Sennesstaude]: von einem unschälbaren Hülsenfrüchtler (Cassia angustifolia), einem im mittleren Nilgebiet zwischen Assuan und Kordofan heimischen Strauch, stammen die beim Volk als Abführmittel sehr beliebten Sennesblätter. Die alten Griechen und Römer kannten diese Pflanze nicht. Sie wurde erst seit dem 9. Jahrhundert durch arabische Ärzte mit der Bezeichnung sanā in Europa bekannt. Die Sennesblätter sind ein gutes Abführmittel, erregen aber manchmal Leibschmerzen, was durch Entharzung mit Alkohol vermieden werden soll.
Das arabische Wort lieferte mhd. sene, sennesblatt, nhd. Sennesbaum, ndl. senebald, engl. senna, it. senna, frz. séné (13. Jh.).

Diez 291; Eguilaz 492; Littmann 84; Lokotsch 1822; Gamillscheg 803; REW 7815.

Sensal, der; -s, -e [arab. simsār: Makler]: ein Vermittler der Warenkäufer in Österreich; Börsenmakler.
Das arabische Wort gelangte im 15. Jahrhundert über it. sensale nach Deutschland. Das heute nur in Österreich bekannte Wort war im 18. Jahrhundert allgemein gebräuchlich: „Ein in den Handelsstädten übliches Wort, einen Mäkler der Kaufleute zu bezeichnen, welcher seine Waaren, Wechselbriefe usw. feil bietet." Adelung, Wb. (1811), 4, 59. Das Wort ist durch die Berührung von Deutschen und Italienern aus dem Italienischen ins Deutsche übergegangen. In Oberschwaben erscheint es 1479 zum ersten Mal.
Das arabische Wort lebt heute fort in it. sensale (1321), frz. censal, prov. cessal, türk. symsar, rum. samsar. Im Deutschen ist es untergegangen.
Lokotsch 1836; Wartburg 159.

Sesam, der; -s, -s [arab. simsim: Sesam]: hochwüchsiges Kraut aus Afrika und Indien, wegen der ölhaltigen Samen in warmen Ländern angebaut (Speiseöl). Das Wort lieferte gr. sêsamon, lat. sēsamum, fr. sesame (1298), woraus im Frühneuhochdeutschen dt. Sesam entlehnt wurde.

Simarre, die; -, -n [arab. sammūr: Zobel]: bis Ende des 18. Jahrhunderts ein Schleppkleid für Frauen, desgleichen ein langes Obergewand der Prälaten. Auch im Galloromanischen und Iberoromanischen bezeichnete das Wort früher ein Gewand der höheren Klassen.
Das arabische Wort findet sich schon um 1100 in arabischen Texten aus Spanien als Bezeichnung für den Biber, das pelzliefernde Tier.
Arabisch sammūr lieferte it. cimarra (14. Jh.), zimarra (16. Jh.), piem. gimarra, sp. cimarra, frz. samare ‚Schleppkleid für Frauen', samarre. Heute lebt das Wort im Deutschen nicht mehr.
Wartburg 151.

simsalabim, Interj. [arab. bi-smi llāhi r-raḥmāni r-raḥīmi: Im Namen des barmherzigen und gnädigen Gottes]: Ausruf im entscheidenden Moment der Ausführung eines Zauberkunststückes.
Die arabische Formel, womit jede Koransure beginnt, wird auch als Ausruf in vielen Lebenssituationen in den islamischen Ländern hergesagt. Die deutsche abgekürzte Form ist eine ironisierende Entstellung des arabischen Satzes.

Sirup, der; -s, -e [arab. šarāb: Trank]: 1. mit Zucker verkochter Fruchtsaft, der zum Süßen zahlreicher Getränke verwendet wird; 2. dickflüssiger, süßer Saft als Nebenprodukt der Zuckerherstellung.
Die arabischen Mediziner im Mittelalter dickten die verschiedensten Pflanzensäfte mit Zucker zu Sirup ein und verwandten sie als Heilmittel. Von ihnen wurde Wort und Sache dem Abendland vermittelt; daher mlat. sirupus, it. sciroppo, siroppo, frz. sirop, syrop, sp. jarabe, engl. syrup, ndl. siroop, fläm. saroop. Aus der späteren umgangsarabischen Form šurba ‚Suppe' werden über türk. šerbet (Kühltrank) folgende Formen entlehnt: it. sorbetto, sp. sorbete, pg. sorvete, ndl. sorbet, engl. sherbet, dt. Sorbett, Scherbett.
Diez 295; Dozy 218; Eguilaz 495; Littmann 81; Corom. 2, 1036; Lokotsch 1838; Wartburg 170.

Smala, die; - [maghreb.-arab. zmāla: Gruppe von Zelten]: Familie und Dienerschaft eines arabischen Fürsten in Nordafrika.
Das Wort wurde in Europa bekannt nach der Einnahme des Zeltlagers von Abd-el-Qāder im Jahre 1834 durch die Franzosen unter dem Herzog von Aumale. Die Smala von Abd-el-Qāder zählte damals 300 Duars (→ Duar) mit 20000 Seelen und stellte mehr als 5000 Krieger. Das arabische Wort lieferte auch frz. smala(h) (seit 1845).
Wartburg 209.

Soda, das; -s [arab. suwwād: Suaeda]: 1. graues bis gelbliches wasserlösliches Natriumsalz der Kohlensäure, das bes. zur

Wasserenthärtung und zur Herstellung von Seife und Reinigungsmittel verwendet wird; Natriumkarbonat; 2. Sodawasser.
Das arabische Wort gelangte im 17. Jahrhundert über gleichbed. spätmlat. soda ins Deutsche. Die frühere Ableitung aus arab. sudā' (Kopfweh) – Soda gilt in der Medizin als Mittel gegen Migräne – wird seit Steiger und Hess nicht mehr angenommen. Sie beziehen sich auf arab. suwwād, eine bei der Verbrennung Soda liefernde Pflanze, die von Nordafrika nach Sizilien gekommen ist und von hier aus wegen der enormen Ausfuhr viele europäische Sprachen erobert hat. So lebt das arabische Wort in it. sp. pg. engl. frz. dän. schwed. soda fort.
Wartburg 161.

Sodawasser, das; -s → Soda.

Sofa, das, -s, -s [arab. ṣuffa: Ruhebank, Erhöhung, Estrade, vom Vb. ṣaff: in Reihe stellen]: Gepolsterte Sitzgelegenheit mit Arm- und Rückenlehne, auf der mehrere Personen sitzen können. Ursprünglich im Orient eine hölzerne, mit Teppichen und Polstern belegte Estrade, auch das an drei Seiten mit solchen Erhöhungen versehene Vorzimmer. Das arabische Wort lieferte frz. sofa (1560), it. sofà, sp.pg. sofá, engl. ndl. sofa, dt. Sofa (1694).
Lokotsch 1935; Kluge 713; Eguilaz 494; Devic 210.

Sorbet, der od. das; -s, -s Sorbett, der od. das; - (e)s, -e [arab. šarbāt: eisgekühltes Getränk aus Fruchtsaft und Zucker]: dickflüssiges Speiseeis aus Fruchtsäften und Wein; bei den Türken: ein Kühltrank aus Wasser, zerstoßenen Rosinen, Zitronensaft, Zucker, Ambra usw. Das arabische Wort gelangte über türk. šerbet in die europäischen Sprachen: it. sorbetto, frz. sorbet, sp. sorbete, pg. sorvete, engl. sherbet. Das Wort kommt heute im Deutschen selten vor.
Wartburg 171.

Spinat, der; -(e)s, -e [span.-arab. ispinãğ aus arab. isfinãğ, heute sabāniḫ]: Blattgemüse, Gattung der Gänsefußgewächse.

Das Wort, geprägt von den Arabern in Spanien, ist persischen Ursprungs, pers. ispanāğ. Es lieferte sp. expinaca, pg. espinafre, afr. espinoche, frz. épinard, it. spinace, ndl. spinazie, engl. spinage.

Sufi, der; -s, -s → Sufismus.

Sufismus, der; - [arab. ṣūfī: ein mit Wolle Bekleideter, aus sūf: Wolle]: Name der Mystik im Islam, deren Ansätze sich schon um 700 zeigten. Die Anhänger werden Sufis genannt, d.h. ‚mit Wolle Bekleideter' vom arab. ṣūf ‚Wolle', weil die Mitglieder der ältesten sufischen Korangeneration Kittel aus grober Wolle trugen. Der Sufismus wurzelt in jener asketischen Richtung, nach der alles in dieser Welt als identisch erscheint, der Mensch Ausfluß Gottes ist und zur Wiedervereinigung mit ihm zurückstrebt. Geschichte und Lehren des Sufismus haben eine reiche Literatur hervorgebracht. Dichterisch verarbeiteten seine Gedanken persische Dichter, wie 'Aṭṭār, Dschelāl ed-dīn Rūmī.
Goldziher, Vorlesungen über den Islam (2. Auflage, 1925).

Sultan, der; -s, -e [arab. sulṭān: Herrscher, Herrschaft]: islamischer Herrschertitel.
„Ursprünglich ist der Titel Sultan nur dem Kalifen von Bagdad beigelegt worden, aber gegen Ende des 10. Jahrhunderts wurden die Abbasiden ihrer weltlichen Macht beraubt und auf geistliche Macht beschränkt; Sultan wurde der Titel jedes mächtigen Fürsten oder Emirs, der andere beherrschte, so daß sich schließlich der geringste Duodezfürst so nannte." Lokotsch 1945.
Das arabische Wort gelangte als *Solden* über mlat. soldānus und afrz. soldan im 13. Jahrhundert ins Mittelhochdeutsche.
Seit dem 16. Jahrhundert war *Sultan* ebenfalls die Bezeichnung für den türkischen Kaiser, der auch Großsultan genannt wurde.
Das arabische Wort lieferte it. sildano, sultano, frz. sultan, (älter) soldan und soudan, sp. soltán, pg. sultão, engl. sultan, ndl. sultan.
Lokotsch 1945; Wartburg 164.

Sultane, die; -, -n [arab. sulṭān: Sultan]: 1. Gemahlin oder Tochter des Sultans; 2. eine lange türkische Frauenkleidung. Das Wort ist heute veraltet.
L. Kiesewetter, Fremdwörterbuch 1859; J. Heyse, Fremdwörterbuch, 1919.

Sultanine, die; -, -n [arab. sulṭānī: sultanisch, hervorragend]: große, kernlose getrocknete Weinbeere. Früher nannte man sie auch Sultanrosine.

Sumach, der; -s, -e [arab. summāq: Sumach]: eine Gattung wärmeliebender Holzgewächse, die z.T. zur Gerbstoffgewinnung und als Zierpflanze verwendet werden. Die Pflanze war schon bei den Griechen bekannt. Sie gerbten damit das Leder und färbten die Wolle. Unter der Herrschaft der Araber wurde der Sumach in Unteritalien, Sizilien, Malta und Spanien angebaut. Die Araber verwendeten die zu feinem Pulver verriebenen Blätter und Stengel zum Schwarzfärben der Haare. Auch die Beeren fanden bei Durchfall und als Gewürz Verwendung.
Unter dem Einfluß von frz. sumac erscheint im 18. Jahrhundert die Lautform Sumak; auch die umgangssprachliche Form Schmack, Smack ist bei Adelung (Wb. 1811, 4, 5500) zu finden.
Das arabische Wort ist aus Spanien, wo es schon im 10. Jahrhundert belegt ist, in die anderen Sprachen gelangt: sp. zumaque, pg. sumagre, it. sommaco, frz. sumac, rum. sumac, engl. sumac, sumach, ndl. smak.
Devic 212; Eguilaz 532; Lokotsch 1946; Corom. 4, 872; Wartburg 164.

Sumbul(wurzel), die; -, -n [arab. sunbul: Ähre]: Moschuswurzel (Radix Sumbul), eine bitter schmeckende, stark nach Moschus riechende Wurzel. Sie wurde früher zu Heilzwecken und wird jetzt nur noch in der Parfümerie gebraucht.

Sunna, die; - [arab. sunna: überkommene Handlungsweise]: im Islam die Überlieferung über Leben, Wirken und Aussprüche des Propheten Mohammed und sein Verhältnis zu seiner nächsten Umgebung. Muslime, die sich an die Sunna halten, werden Sunniten (s.d.) genannt.

Sunniten, pl. [arab. sunna: überkommene Handlungsweise]: die grössere der beiden Hauptgruppen des Islams, die heute etwa 92–93% der Muslime umfaßt. Sie halten an der Rechtmäßigkeit der Kalifen fest und vertreten die Ansicht, daß die Nachfolge durch Wahl zu geschehen hat, und zwar vorzugsweise eines männlichen Mitglieds des Quraisch-Stammes, der erwachsen, von gutem Ruf, körperlich und geistig qualifiziert, rechtskundig und mit administrativen Gaben, Mut und Tapferkeit ausgestattet sein soll. Die Glaubens- und Pflichtenlehre der Sunniten beruht auf der Sunna des Propheten und will die Einheit des islamischen Glaubens bewahren. Im Gegensatz zu den Sunniten verwerfen die Schiiten (→Schia) die ersten drei Kalifen (s. d.) als unrechtmäßig und erkennen außer dem Koran nur die Sunna (s. d.) Mohammeds und seines Schwiegersohns Ali als verbindlich an.

Sure, die; -, -n [arab. sūra: Zeichen, Offenbarung]: Korankapitel.
Der Prophet Mohammed bestand darauf, ein gewöhnlicher Mensch zu sein, der nur dadurch ausgezeichnet sei, daß er Offenbarungen erhalten und angenommen habe. Zu Anfang hieß jede Offenbarung *Sure* und wurde auf jedem Material, das gerade zur Hand war, niedergeschrieben. Der dritte Kalif Osman sorgte für die endgültige Redaktion des Korans. Er schied jede Version aus, die nicht wenigstens von zwei Zeugen beglaubigt worden war. Er teilte den Koran in 114 Suren ein. Mit Ausnahme der ersten Sure sind alle Suren nach ihrer Länge geordnet.

T

Tabala, die; - [arab. ṭabla: große Trommel]: eine Trommel der Neger.

Tabaschir, der; -s [arab. ṭabāšīr: Bambuszucker]: ostindischer Bambuszucker.
Die Araber übernahmen den Tabaschir von den Persern. Sämtliche Ärzte erachteten ihn für ein Heilmittel von ungewöhnlicher Kraft. Im Vertrauen auf die überlegene Weisheit der arabischen Ärzte zollte auch das Abendland dem Tabaschir hohe Verehrung.
Das arabische Wort geht auf sanskr. tavakhshīra zurück. Es lebt in frz. tébachier, tabaschir, engl. tabasheer, türk. tebešir, pg. tabaxir fort. Tabaschir ist heute im Deutschen untergegangen.
Lokotsch 1965; Eguilaz 497; Lammens 231.

Tabis od. **Tabin,** der; -s [arab. ʿattābī: bunte, wellenartig gestreifte Stoffe aus Seide (Taft) und Baumwolle aus ʿattabiya: Stadtviertel in Bagdad, zu ʿAttāb: Uronkel Umayyas]: gewässerter Doppeltaft, Silbermohr.
Arab. ʿattabija ist der Name eines Bezirks am Rande der Stadt Bagdad, wo man besonders gute Seidenstoffe herstellte. Idrīsī (1158) versichert, daß die ʿAttabija-Stoffe besonders in Almeria in Spanien hergestellt wurden.
Das arabische Wort lieferte frz. tabis ‚schweres Seidenzeug' (14. Jh.), häufiger atabi, engl. tabby, ndl. tabijn, pol. tabin, tobin.
Das Wort war im Deutschen bekannt bis zum Ende des 19. Jhs.s
Lammens 232; FEW I, 167.

Talisman, der; -s, -e [arab. ṭilasm, ṭalsam: Zauberbild]: vermeintlich unheilabwehrender, glücksbringender kleiner Gegenstand.

Das Wort ist im 18. Jahrhundert aus frz. sp. talisman ‚Zauberspiegel', das auf die arabische Dualform tilsamān ‚Zauberbilder' zurückgeht. Das Handwörterbuch des deutschen Aberglaubens unterscheidet zwischen Talismanen und Amuletten folgendermaßen: „Die Wissenschaft trennt die Begriffe, indem sie Amulette die am Körper getragenen Glücksbringer nennt, Talismane aber solche, die im Hause aufbewahrt oder an Tür, Wagen, Schiff usw. angebracht sind. Doch ist der Wortgebrauch hier kein konsequenter. Dagegen hat sich in den Juwelier- und Modegeschäften für die Glücksanhänger, Plaketten, Monatssteine u. dgl. die Bezeichnung Talisman durchgesetzt. Die Talismane sind auch mehr die dem halbwissenschaftlichen Glauben (Astrologie) und kunstvoller Werkstätte entstammen, auch oft kostbarer sind (Edelsteine), während Amulette das Volk selber herstellt (schreibt). Schon Goethe [im ‚West-östlichen Divan'] traf die Unterscheidung:

> ‚Talisman in Karneol
> Gläubigen bringt er Glück und Wohl;
> Steht er gar auf Onyx' Grunde,
> Küß ihn mit geweihtem Munde!
> ...
> Amulette sind dergleichen
> Auf Papier geschriebne Zeichen;
> Doch man ist nicht im Gedränge
> Wie auf edlen Steines Enge,
> Und vergönnt ist frommen Seelen,
> Läng're Verse hier zu wählen.
> ...'
>
> Handwörterbuch des deutschen Aberglaubens, Bd. 8, Berlin und Leipzig 1935/36.

Das arabische Wort lebt in frz. sp. talismán, pg. talismã, engl. ndl. talisman, türk. tilsim fort.

Diez 314; Lammens 233; REW 8622; Lokotsch 2077;

Talk, der; -s [arab. ṭalq: Talk]: Speckstein, weiches Mineral, ein Magnesiumsilikat. Er wird als Puder und Schönheitsmittel, als Schneiderkreide sowie zur Herstellung von Töpfen und zum Bau elektrischer Heizapparate verwendet. Die Österreicher sagen für Talk Federweiß.
Das Wort erscheint zuerst in Basel 1557. Die Araber brachten im Mittelalter das Mineral nach Spanien; über sp. talque und frz. talc gelangte das Wort im 16. Jahrhundert nach Deutschland.
Das arabische Wort lieferte it. talco (seit 1544), sp. talco (seit 1492), talque, pg. talco, kat. talc, frz. talc.
Devic 65; Diez 314; Dozy 2, 57; Eguilaz 501; Lokotsch 2003.

Tamarinde, die; -, -n [arab. tamr hindī: indische Datteln]: Tamarindus indica, ein wahrscheinlich aus tropischem Afrika stammender, heute in allen Tropengebieten häufig kultivierter Baum der Hülsenfrüchtler. Die Kulturvölker des Altertums kannten den Baum nicht. Erst durch die arabischen Ärzte lernte man das Fruchtmus als Abführmittel kennen. Der erste europäische Arzt, der die Tamarindenfrucht erwähnt und deren Anwendung als Abführmittel bei Gallenkrankheiten empfiehlt, ist Johannes Actuarius (13. Jahrhundert). In den Apotheken finden sich silique arabica (arabische Schoten) seit dem 15. Jahrhundert.
Das arabische Wort lieferte frz. tamarin, sp. tamarindo, pg. tamarinho, it. tamarindo, ndl. tamarinde, engl. tamarind.
Verwandt mit der Tamarinde ist die Tamariske, aus lat. tamariscus, zu arab. tamr ‚Dattel'. Es erscheint 1121 in Wolframs Parzival 601, 12 als mhd. tämris, engl. tamarisk, kat. tamarit, sard. tamaritto, ndl. tamarisk.
Dozy 347; Wartburg 180; Lokotsch 2013; L. Reinhardt: Kulturgeschichte der Nutzpflanzen (1911) 579f.

Tambour, der; -s, -e, schweiz. auch -en [arab. ṭanbūr: Musikinstrument]: Trommelschläger, Trommler. In der Schweiz ist Tambour ‚der Trommler', und in der Baukunst ist es heute die Bezeichnung für den mit Fenstern versehenen Sockel einer Kuppel. Früher war Tambour die Bezeichnung für eine Handtrommel und für einen Trommelschläger. Die Wortgeschichte im Deutschen beginnt mit einem Vers Wolframs von Eschenbach: „Ein tambūrr sluog und warf vil hōhe sine tambūr." (dazu: Dor. Treder, Die Musikinstrumente in den höfischen Epen der Blütezeit, Greifswald 1933, 13 f.). Das letzte Wort bei Wolfram beruht auf afrz. tabo(u)r, aus arab. ṭanbūr ‚Musikinstrument'. Wahrscheinlich sind die Franzosen mit dem orientalischen Instrument durch die Kreuzzüge bekannt geworden. Von hier und auch von Spanien aus gelangte das arabische Wort in die anderen europäischen Sprachen: frz. tambour, kat. tambor, asp. atamor, pg. atambor, it. tamburo, siz. tammurru, piem. tamburn.

Eine Verkleinerungsform von Tambour ist Tamburin, eine Handtrommel mit Schellen im Rahmen, das als Begleitinstrument für Tarantella und ähnliche Tänze, auch als Bestandteil des Schlagzeugs im modernen Orchester, benutzt wird. Das provenzalische Tamburin hat eine lange, enge Trommel, die zusammen mit einer kleinen Schnabelflöte der Begleitung eines ebenfalls Tamburin genannten Volkstanzes dient. Aus dieser Grundbedeutung hat sich infolge äußerer Ähnlichkeit die Bedeutung ‚Strichrahmen' entwickelt. In der Baukunst ist Tamburin auch der trommelförmige Unterbau einer Kuppel.

Wartburg 174; Trübner 7, 11.

Tamburin, das; -s, -e → Tambour.

Tandur, der; -s [arab. tannūr: Ofen]: „Ein viereckiger, mit einem Teppich bedeckter Tisch, unter welchen man ein Kohlenbecken stellt, über welches diejenigen, die sich wärmen wollen, die Füße halten." (Heyses Fremdwörterbuch, 1919).

Das heute untergegangene Wort kam über türk. tandur nach Deutschland.

Lokotsch 2119.

Tara, die; -, Taren [arab. ṭarḥ: Abzug, zu ṭaraḥa: wegwerfen, beseitigen]: Gewicht der Verpackung, Verpackung einer Ware.

Das Bruttogewicht abzüglich der Tara ergibt das Nettogewicht, das meist der Preisberechnung und Verzollung zugrunde gelegt wird. Infolge der wachsenden Beziehungen mit den Arabern in Nordafrika kam das Wort im 13. Jahrhundert nach Südfrankreich. Ebenso vom Arabischen entlehnt sind frz. tare, engl. tare, kat. sp. pg. tara, dt. tara (14. Jh.), tarieren (18. Jh.).
Dozy 2, 32; Eguilaz 304; Littmann 99; Lokotsch 2024; DWB. I, 1.

Tarbusch, der; - [arab. ṭarbūš]: Fez.
Das arabische Wort stammt aus türk. ter: Schweiß und pers. pūš: Bedeckung; hieraus engl. tarboosh, tarbouche, frz. tarbouch.
Lokotsch 2031.

Tarif, der; -s, -e [arab. taʿrīfa: Bekanntmachung]: Lohnsatz; vertraglich festgesetzter Preis (z. B. für Elektrizität, Leistungen des Transportwesens), Frachtsatz; Verzeichnis von Preisen für Waren und Leistungen (z. B. Steuertarif).
Durch die Handelsbeziehungen mit dem Orient ist das arabische Wort zuerst nach Italien und von hier aus in die anderen europäischen Sprachen gelangt: it. tariffa (seit 16. Jh.), kat. tarifa (seit 16. Jh.), sp. pg. tarifa (seit 17. Jh.), engl. tariff, ndl. tarief, tarif.
Das heute seltener gewordene Wort *tarifieren* war im 19. Jahrhundert für ‚verzeichnen, ansetzen, den gegenseitigen Wert von Münzen feststellen, die Zollsätze für Waren bestimmen' bekannt.
Lokotsch 2037; Eguilaz 503; Dozy 348; Wartburg 184; Corom. 4, 382.

tarifieren Vb. → Tarif.

Tarock od. **Tarok,** das; österr. nur so, od. der; -s, -s [arab. ṭarḫ: Abzug]: ein Kartenspiel, seit dem 14. Jahrhundert in Italien und Frankreich nachweisbar, das aus 78 Karten besteht. Beim Spiel muß der Spieler unter gewissen Umständen eine Karte beiseite

legen. Vom arabischen Wort sind frz. tarot (1534) und it. tarocco entlehnt.
Gamillscheg 840; Wartburg 183; Eguilaz 304; Lokotsch 2024.

Tasse, die; -, -n [arab. ṭāsa: Napf]: becherartiges Gefäß für Tee, Kaffee usw.; österr. meist für Untertasse.
Das arabische Wort ṭāsa stammt letztlich aus pers. tāšt ‚Becken, Untertasse'. Es gelangte auf zwei Wegen nach Deutschland: von den Arabern Siziliens über it. tazza und von den Mauren Spaniens über frz. tasse. So ergeben it. tazza frühnhd. tatse und frz. tasse (14. Jh.) im 16. Jahrhundert unsere Tasse. „Die Ausbreitung von Sache und Wort hängt eng zusammen mit dem Aufkommen der fremden Getränke Schokolade, Kaffee und Tee, sowie mit der Einführung feineren Geschirrs und der Erfindung des Porzellans. Andere Flüssigkeiten wurden und werden (abgesehen von der Fleischbrühe) nur ausnahmsweise aus Tassen getrunken ... Dem deutschen Bauern blieb daher die Tasse bis ins 19. Jahrhundert fremd ... Er verzichtet heute noch für den täglichen Gebrauch auf die zweiteilige, städtische Tasse. Davon abgesehen, ist das Wort im ganzen Sprachgebiet verbreitet, doch herrscht in Österreich dafür ‚Schale' vor, das auch in Bayern gebraucht wird." Trübner, Deutsches Wörterbuch (1956) 7, 21.
Das arabische Wort lebt in frz. tasse, piem. kat. tassa, sp. taza, pg. taça, engl. tass, fläm. tasse, rum. tas, it. tazza.
Lokotsch 2044; Eguilaz 504; Wartburg 186; Dozy 2, 44.

tauschieren, Vb. [arab. taušiya: Verschönerung]: Gold- und Silberdrähte zur Verzierung in eine gravierte Zeichnung auf unedlen Metallen einhämmern.
„Schon im Altertum war die Kunst der Bronzetauschierung bekannt, in Europa bereits in der jüngeren Bronzezeit. Im MA. war sie vor allem in Ostasien (China, Japan, Indien) und im Vorderen Orient sehr verbreitet. Am vollkommensten beherrschten sie die Araber ... In Deutschland wurden im 16. Jh. u. a. in Nürnberg und Augsburg Prunkwaffen und -harnische

durch Tauschierung verziert." Brockhaus Enzyklopädie (1973).
Das arabische Wort lieferte frz. tauchie (1543), sp. ataujía (seit 1510), it. tausia (seit 16. Jh.).
Lokotsch 2050; Wartburg 187.

Teakholz, das; -es [arab. zāǧ: Holz von Tectonia grandis, aus sanskr. saka, woraus tamil. tekku wurde]: aus dem arabischen Wort stammt die wissenschaftliche Bezeichnung lingum sagalinum; aus der tamil. Form wurde dt. Teak(holz), engl. teak.
ZDMG L, 650; Lokotsch 1756.

Tebib, der; -s [arab. ṭabīb: Arzt]: Arzt. Das heute untergegangene Wort gelangte über frz. tabibe ins Deutsche.

Tinkal, der; -s [arab. tinkār: Borax]: roter Borax.
Das Wort ist in den deutschen Wörterbüchern bis zum Ausgang des 19. Jahrhunderts regelmäßig verzeichnet. Das arabische Wort lieferte pg. tincal, frz. tincal (1752), engl. tincall; aus dem Hispanoarabischen stammt sp. atincar (seit 14. Jh.).
Dozy 216; Wartburg 188; Eguilaz 307; Lokotsch 2080.

Tirs, der [marok.-arab.: tors: schwarzer Bodentyp]: schwere, tonmineralreiche Böden in Senken, Tälern und Unterhängen wechselfeuchter Savannengebiete besonders in Afrika, Australien und Asien.

Tocke, die; -, -n auch Tockhut, der [arab. ṭāqija: Untermütze]: ein eng anschließendes Käppchen, das unter dem Hut getragen werden kann; ein Kindermützchen; auch eine Art Frauenhaube (Heyse, Fremdwörterbuch, 1919).
Romanische Formen sind: sp. toca, it. tocco, frz. toque, siz. toccu, türk. takije.
Lammens 214; Lokotsch 1997.

Trafik, österr. die; -, -en: [arab. tafrīq: das Verteilen, Kleinverkauf]: Kurzwort für Tabaktrafik (staatliche Verkaufsstelle für

Tabakwaren, Briefmarken, Stempelmarken und Zeitungen). Das arabische Wort wird mit dem zu diesem Zweck ersonnenen lateinischen Wort raficere ‚übermachen' vermischt. Dabei entsteht mit umgestelltem *r* it. traffico, frz. trafic ‚Handel'.
Schirmer 192; Littmann 99.

Trutschelmann → Dragoman.

Tutia, die; - [arab. tūtja: Tutia]: sublimiertes Zinkoxyd.
Die Araber kannten und beschrieben die Tutia. Die Tutia kam aus Persien, Indien und China. Sie galt bei den arabischen Ärzten als adstringierend, trocknend, kühlend und wurde bei Augenleiden verwendet. Im 18. Jahrhundert war Tutia in Deutschland bekannt: „Die Tutie reiniget, trocknet, dienet zu den Gebrechen der Augen, die Wunden zu trocknen und zu schließen. Sie wird nur äußerlich gebrauchet."
Zedler, 45, 2081. Heyd, 650.

U, V, W

Ulema, Pl. [arab. ʿulamā': Gelehrte, pl. von ʿālim: Gelehrter, Besitzer des Wissens, Experte im Koran, Wächter des Korans]: im Islam die Vertreter der theologischen Gelehrsamkeit und der kanonischen Geisteswissenschaft und Rechtsprechung. Übereinstimmung der Ulema in einem Punkt begründet ein iǧmāʿ oder „consensus fidelium" und ist einer der vier 'uṣūl ‚Grundprinzipien' im Islam.
Das Wort ist ins Deutsche durch die Türken übermittelt worden. Ein fehlerhafter Sprachgebrauch hat das Wort Ulema, das eine Pluralform von ʿālim ‚islamischer Gelehrter' ist, auch auf die einzelnen Angehörigen des Ulemastandes ausgedehnt. Das heutige Wort ist ein Fachausdruck der islamischen Theologie.

Vezier, der; -s, -e → Wesir.

Wadi, das; -s, -s [arab. wādī: Tal, Flußtal]: Trockental der Wüste in Nordafrika und im Vorderen Orient, das nur nach heftigen Regengüssen Wasser führt.
Das Wort kommt auch als Bestandteil geographischer Namen vor, z.B. Wadi Musa ‚Tal des Moses'.

Wakf, der; -s, -s [arab. waqf: fromme Stiftung]: eine in islamischen Ländern weitverbreitete Form frommer Stiftungen auf unbegrenzte Zeit. In den deutschen Lexika des 19. Jahrhunderts wird auch die türkische Form wakuf verzeichnet.

Wali, der; -s, -s [arab. wālī: Statthalter]: früher höherer türkischer Verwaltungsbeamter, durch den der Sultan die Aufsicht und die Gerichtsbarkeit über die Bewohner und die Eintreibung der Steuern besorgen ließ. Das Wort ist heute im Deutschen unbekannt.

Warneidechse, die; -, -n [arab. waral: Waran]: Warnechsen, Warane, sind nach den Krokodilen die größten mit Extremitäten versehenen Reptilien, da sie bis zu 3 Meter lang werden können. Alle Warnechsen sind Räuber. Ihr Fleisch und ihre Eier sind bei den Einheimischen hochgeschätzte Nahrungsmittel. Nach Littmann (p. 80) sollten Warane ihre Kinder vor dem Krokodile warnen, was im Deutschen volksetymologisch übriggeblieben ist.
Littmann 80; Lokotsch 2156.

Watte, die, -, (Sorten) -n [biṭāna: Unterfutter]: lose zusammenhängende Masse aus weichen, aufgelösten Baumwoll- od. Zellwollfasern.
Das arabische Wort lieferte mlat. wadda (1380), it. ovatta frz. ouate, engl. wad (seit 1550), ndl. watten. Dieses letzte Wort lieferte im 16. Jahrhundert die ältere deutsche Form watten. Erst im 17. Jahrhundert taucht die kürzere Form Watte auf.
Zeitschrift f. deutsche Wortforschung 10, 222.

Wesir, der; -s, -e [arab. wazīr: erster Minister]: früher Minister

islamischer Herrscher. Nach sassanidischen Vorbildern wurde das Amt von den Abbasiden übernommen. Oberster Wesir bei den Türken war der Großwesir.
Das arabische Wort lieferte sp. pg. kat. visir, sp. pg. vizir, frz. vizir (seit 1432), ndl. engl. vizier. Die ältere Schreibung Vezier ist heute untergegangen.
Lokotsch 2160; Lammens 13/14; Devic 18/19.

Wismut, das; -s [arab. iṯmīd: Antimon]: das Aschzinn oder Aschblau, ein rötlichweißes Metall. Nach Lokotsch (p. 918) und Ploß in Harrigs Arc. 110, 317 ist das Wort arabischen Ursprungs. Das arabische Wort lebt in it. sp. bismoto, engl. ndl. vismut, russ. wismut, finnisch vismutti, dän. schw. norw. vismut, frz. bismuth, neulat. bismuthum, wismuthum.
Der deutsche Begriff wurde von Paracelsus 1526 als Metall erkannt und beschrieben.
Lokotsch 918; Kluge 866.

X

x-beliebig, adj. [arab. šai': Sache]: irgendein, gleichgültig, was bzw. wer.
Die arabischen Mathematiker nannten eine unbekannte Größe šai' ‚Sache'; diese Form wurde zu *š* abgekürzt. Die Spanier, die damals ihr *x* wie *š* aussprachen, schrieben demnach *x* für *š*. Daran knüpfte Descartes die Reihe *x, y, z,* woraus Ausdrücke wie x-mal, zum x-ten Mal, x-beliebig entstanden sind.
Zu vulgärarab. šuaija, šuwaije gehören pg. chué, xué.
Lokotsch 1770; Kluge 873; Littmann 77.

Z

Zebebe, die; -, -n [arab. zabība: Rosine]: landschaftlich für große Rosinen türkischer Herkunft.
Durch den Handel mit den Arabern ist das Wort in die europäischen Sprachen übergegangen: it. zibebbo, siz. zubibbu, zibbibbu, sp. acebibe, akat. atzebib, pg. acepipe. Das Wort erscheint im Deutschen seit 1561. Zibebenmost ist heute ein vergärendes Getränk.
Lokotsch 2214; Wartburg 201; Corom. I, 17.

Zibebe, die; -, -n → Zebebe.

Zechine, die; -, -n [arab. sakk: Münze]: ehemals Goldmünze von verschieden hohem Wert, in Italien, Arabien und der Türkei geprägt.
Zu dem arabischen Wort sakk für Münze bzw. Prägstock gehört der Begriff dār as-sakk für Münzstätte, woraus die verkürzte Form *la zecca* für die Münzstätte in Venedig abgeleitet wurde. Die dort geprägte Münze wurde seit Ende des 13. Jahrhunderts zeccino genannt. Zechinen waren auch in Deutschland seit dem 14. Jahrhundert bekannt. Sie wurden später von Österreich, Ägypten und der Türkei geprägt und blieben jahrhundertelang die Handelsmünzen des Mittelmeergebietes.
Das arabische Wort lebt in frz. zeccin, it. zecca, sp. ceca, kat. seca fort.
A. J. Storfer: Wörter und ihre Schicksale, 23; Lokotsch 1903; Eguilaz 357; Corom. 1, 745; Wartburg 158.

Zenit, der; - (e)s [arab. samt: Weg, Richtung]: Scheitelpunkt am Himmel, Gipfelpunkt, der höchste Punkt des Himmels, der gerade über dem Scheitel des Beobachters steht. Der diesem gerade entgegengesetzte Punkt des Himmels heißt Nadir. (s. d.). Ar-

ab. samt ar-ru'ūs ‚Richtung der Köpfe' wurde zu samt, as-samt verkürzt. Diese Form wurde durch einen Fehler bei der Abschrift (*ni* statt *m*) it. zenit, frz. engl. ndl. zenit, dt. Zenit. Der Verdeutschungsversuch von Philipp von Zesen um 1650, der das arabische Wort mit ‚Gipfeltüpfel' zu übersetzen versuchte, ist mißlungen.
Storfer 391; Lokotsch 1881; Devic 54, Klage 882.

Zibet, der; -s, - [arab. zabād: Zibetkatze, zu zabad: Schaum]: für die Herstellung von Duftstoffen verwendeter, stark nach Moschus riechender Inhalt der großen Drüsensäcke am After der Zibetkatzen. Die Araber kannten die Zibetkatze (arab. quiṭṭ az-zabād) und vermittelten ihre Kenntnis nach Europa. Die Zibetkatze kommt heute in Südeuropa vor, einige Exemplare sind bis an den Rhein vorgedrungen.
Das arabische Wort gelangte im 16. Jahrhundert ins Deutsche über it. zibetto. Außerdem lebt es in frz. civette, ndl. civet, civetcat, engl. civet fort.
Zibet findet heute nur in der Parfümerie Verwendung.
Wartburg 201; Diez 346; Lokotsch 2173.

Ziffer, die; -, -n [arab. ṣifr: Null]: Zahlzeichen; Zeichen zur schriftlichen Darstellung von Zahlen.
Von den Indern übernahmen die Araber im 9. Jahrhundert das Zahlensystem, das bereits die Null enthielt. Das altind. sūnya ‚leer, Zahlzeichen ohne absoluten Wert, Null' übersetzten die Araber mit ṣifr, das den gleichen mathematischen Sinn erhielt. Mit der Bedeutung Null gelangte das arabische Wort im 13. Jahrhundert nach Europa: mlat. cīfra, it. sp. pg. cifra, afrz. cīfre; hieraus engl. cipher, anord. sīfra, mnl. cīfer, nnl. cijfer, mnd. sifre, sifer, spätmhd. zif(f)er, nhd. Ziffer ‚Null'.
Über den Bedeutungswandel von ‚Null' zum heutigen Zahlzeichen ist folgendes zu sagen: Im Italienischen trat nulla ‚Nichts' an die Stelle von cifra ‚Null'; dieses wiederum übernahm die Aufgabe von it. figura, das ‚Zahlzeichen' bedeutet hatte. Parallel dazu bekam das Wort im Deutschen die heutige übliche Bedeutung ‚Zahlzeichen'. In diesem Sinn erscheint das erste

Zeugnis um 1400 beim Ackermann aus Böhmen (26, 15). Die Abzweigung *Chiffre* (s.d.) entstand erst im 18. Jahrhundert. Littmann 76 f.; Lokotsch 1894; Eguilaz 369; Corom. 1, 778; Devic 29; Fischer, Zur Berichtigung einer Etymologie von K. Vollers, in: ZDMG LVII, 783/793.

Zitwer, der; -s, - [arab. zadwār aus pers. zād wār: Zitwerwurzel]: kampferartig riechender Wurzelstock einer alten indischen Kulturpflanze (Gelbwurzart), als Arzneimittel gegen Eingeweidewürmer, zu Likören und als Gewürz verwendet.

„Die bitterschmeckende Wurzel wurde den Weisungen der arabischen Ärzte zufolge einerseits als Gegenmittel bei Vergiftungen angewendet und bei z.B. Goldarbeitern empfohlen, um die schädlichen Wirkungen mercurialischer Exhalationen aufzuheben. Andererseits galt sie als ein starkes Reizmittel, das auf den Magen belebenden und erwärmenden Einfluß übe, und wurde deshalb nicht blos als Medicin genossen, sondern auch zuweilen Speisen und Getränken beigemischt." Heyd, Geschichte des Levantehandels im Mittelalter (1879), 658 f.

Das arabische Wort lieferte it. zettovario, sp. cedoaria, pg. zedoária, engl. zedoary, mlat. zeduarium, frz. zédoaire.

Wartburg 201; Dozy 251; Lokotsch 2215; Tschirsch 2, II, 1058–1063; Corom. 1, 748; Ahmed Issa Bey 63, 4.

Zucker, der; -s [arab. sukkar: Zucker]: in weiterem Sinne alle oder nur die niederen Saccharide.

Der Zucker und die Baumwolle gehören zu den Hauptgegenständen des Welthandels. Beide verdankt das Abendland den Arabern. Das Zuckerrohr war früher in Vorder- und Hinterindien sowie im südlichen China sehr verbreitet. Aber die Zukkerfabrikation in diesen Ländern beschränkte sich darauf, das Zuckerrohr zu zerquetschen, den Saft über dem Feuer abzudämpfen und zu verdichten. Ursprünglich wurde der Zucker von den arabischen Ärzten als Heilmittel empfohlen. Auch die Kreuzfahrer lernten ihn von dieser Seite kennen. Seiner Seltenheit wegen kam er als Genußmittel nicht in Betracht, und man verstand die Speisen nur mit Honig zu versüßen. Das änderte

sich, als die Araber die Kultur des Zuckerrohrs im ganzen Gebiete des Kalifats sowie in Südspanien, Zypern, Sizilien und Malta verbreiteten und die Technik der Raffinerie vervollkommneten. So kamen vom Orient alle möglichen Arten von Zucker nach Europa: Hutzucker, Kandiszucker, Staubzucker etc. Auch Sizilien spielte im Zuckerexport eine große Rolle.
Mhd. zuker geht auf it. zucchero zurück, das seinerseits aus gleichbed. arab. sukkar entlehnt ist. Das arabische Wort stammt von altind. śárkarā ‚Sand- oder Körnerzucker'. Es lieferte mit dem Artikel sp. azúcar, pg. açúcar. Von Sizilien drang it. zucchero nordwärts und lieferte mlat. zuccarum, zuccara.
Das arabische Wort gelangte im 12. Jahrhundert ins Deutsche und erschien als cuccer, zuccer, zuker. Über frz. sucre entstanden die europäischen Formen: mnl. suker, nnl. zuiker, wfries. sūker, mengl. sucre, engl. sugar.
Lippmann, Geschichte des Zuckers, Leipzig 1890; Lokotsch 1855; E. Wiedemann, Über den Zucker bei den Muslimen, Beiträge zur Geschichte der Naturwissenschaften LII (1916), 177; Dozy 228; Eguilaz 325.

Zwetsche, die; -, -n [arab. dimišq: Damaskus]: eine Pflaumenart. Landschaftliche Nebenformen sind: Zwetschge, Quetsche u.a. (vgl. Kretschmer, Wortgeographie, 364). Das seit dem 15. Jahrhundert auftretende Wort geht auf spätlat. damascena ‚Pflaume aus Damaskus' zurück, das aus arab. dimašq ‚Damaskus' stammt.
Die alte Handelsstadt Damaskus war durch ihren Obstbau und besonders durch ihre Pflaumenzucht bekannt. Durch die Kreuzzüge wurde die Frucht in kultivierter Gestalt nach Deutschland gebracht.
Ältere Formen im Deutschen sind: tzwetschken, zwetschgen, quetzig, quetschgen, woraus landsch. Quetsche ‚Zwetsche' entstand. Dialektformen sind: bair. zweš (p)n̂; österr. zwešpen; rheinfränk. quekšt; oberhess. quetš; schwäb. twętšk; schweiz. (z)wätška.
Lokotsch 476c; Devic 101; Kluge 898.

Bibliographie

Adelung, J. Ch.: Grammatisch-kritisches Wörterbuch der hochdeutschen Mundart, mit D. W. Soltaus Beiträgen, revidiert und berichtigt von Franz Xaver Schöneberger, Wien 1811

Bach, A.: Geschichte der deutschen Sprache, Heidelberg 1965

Becker, Carl Heinrich: Islamstudien, Leipzig 1924–1932

–: Das Erbe der Antike in Orient und Okzident, 1911

Becker, Friedrich: Geschichte der Astronomie, Bonn 1946

Behagel, O.: Die deutsche Sprache, Wien und Leipzig 1917

Bernecker, Erich: Slawisches etymologisches Wörterbuch, Heidelberg 1924

Borchardt (Wustmann-Schoppe): Die sprichwörtlichen Redensarten im deutschen Volksmund, 7. Aufl. von A. Schirmer, Leipzig 1954

Brockelmann, Carl: Geschichte der arabischen Literatur, Weimar 1897

–: Geschichte der islamischen Völker und Staaten, München–Berlin 1943

Browne, Edward Granville: Arabian medicine, Cambridge 1921

Byng, Edward J.: Die Welt der Araber, Berlin 1953

Cantor, Moritz: Geschichte der Mathematik, Leipzig 1913–1922

Corominas, J.: Dicctionario crítico etimológico de la lengua castellana, Bern 1955–57

Darmsteter, A.: La vie des mots, 1893

Dasypodius, Petrus: Dictionarium Latino-Germanicum et Germanico-Latinum, 1537

Deutsches Wörterbuch von Jacob und Wilhelm Grimm, Leipzig 1854–1960

Deutsche Wortgeschichte: Festschrift für Alfred Götze zum 17. Mai 1941. Herausgegeben von Friedrich Maurer und Fritz Stroh. 1–3. Berlin 1943

Devic, L.: Dictionnaire étymologique des mots franc ˇArabe, persan, turc, hébreu, malais), Paris 1876

Diefenbach, Lorenz und E. Wülcker: Hoch- und niederdeutsches Wörterbuch der mittleren und neueren Zeit, Frankfurt a. M. 1857

Diepgen, Paul: Medizin und Kultur, Stuttgart 1938

Diercks, G.: Die Araber im Mittelalter und ihr Einfluß auf die Kultur Europas, Leipzig 1882

Diez, Friedrich Christian: Etymologisches Wörterbuch der romanischen Sprachen, Bonn 1887

Dozy, Reinhart Pieter Anne: Geschichte der Mauren in Spanien bis zur Eroberung Andalusiens durch die Almoraviden (711–1100), Leipzig 1874

–: Dictionnaire detaillé des noms des vêtements chez les Arabes, Amsterdam 1898

–: Supplement aux dictionnaires arabes, 2 Bde. Leyden 1881

Dragendorff, Georg: Die Heilpflanzen der verschiedenen Völker und Zeiten, Stuttgart 1898

Duden: Rechtschreiben der deutschen Sprache, 1. Aufl. Leipzig 1880, 9. Aufl. Leipzig u. Wien 1915, 11. Aufl. Leipzig 1937, 15. Aufl. Mannheim 1961, 16. Aufl. 1968

–: Das große Wörterbuch der deutschen Sprache, Mannheim 1976–1982.

Ebner, J.: Was sagt man in Österreich? Wörterbuch der österreichischen Besonderheiten, Mannheim 1969

Eguilaz y Yanguas: Glosario etimológico de las palabras españolas de orígen oriental, Granada 1886

Enzyklopädie des Islam: Geographisches, ethnologisches und biographisches Wörterbuch der mohammedanischen Völker. Bd. 1–4. Leiden-Leipzig 1913–1934. Ergänzungsband 1938

Erdmann, K. O.: Die Bedeutung des Wortes, Darmstadt 1966

Farmer, Henry George: A history of Arabian music, 1967

Fischer, H.: Schwäbisches Wörterbuch, Tübingen 1904–1936

Follmann, Michael Ferdinand: Wörterbuch der deutsch-lothringischen Mundarten, Leipzig 1909

Fonahn, A.: Arabic and Latin Anatomical Terminology chiefly from the Middle Ages, Kristiana 1922

Fraenkel, Ernst: Litauisches etymologisches Wörterbuch, Heidelberg u. Göttingen 1955 f.

Fraenkel, Siegmund: Die aramäischen Fremdwörter im Arabischen, Leiden 1886

Frings, T. u. Karg-Gasterstädt: Althochdeutsches Wörterbuch, Berlin 1952 f.

Frisch, J.: Teutsch-lateinisches Wörter-Buch, Berlin 1714

Frisk, H.: Griechisches etymologisches Wörterbuch, Bd. I, Heidelberg 1960

Fröhlich, R.: Wortwandel und Sachwandel. In: Muttersprache 1953, S. 117–120

Gamillscheg, Ernst: Etymologisches Wörterbuch der französischen Sprache, Heidelberg 1928

Giese, Wilhelm: Ein kulturwissenschaftlicher Beitrag zur Erforschung Andalusiens, Halle 1937
Gorjajev, Nikolai Vasilevic: Opyt sravniteljnago etymologiceskago slovaria literaturnago russkago jazyka, Tiflis 1892
Götz, W.: Die Verkehrswege im Dienste des Welthandels, Stuttgart 1888
Götze, A.: Frühneuhochdeutsches Glossar, Berlin 1960
Graff, Eberhard Gottlieb: Althochdeutscher Sprachschatz, Berlin 1834–46
Grunebaum, Gustav Edmund von: Der Islam in seiner klassischen Epoche, Zürich-Stuttgart 1966
–: Der Islam im Mittelalter, Zürich 1963
Hehn, V.: Kulturpflanzen und Haustiere, 1902
Henisch, G.: Teutsche Sprach und Weißheit, Augsburg 1616
Hennig, G. E. S.: Preußisches Wörterbuch, Königsberg 1785
Henzen, W.: Schriftsprache und Mundarten, Bern 1954
Heyd, W.: Geschichte des Levantehandels im Mittelalter, Stuttgart 1879
–: Die mittelalterlichen Handelskolonien der Italiener in Nord-Afrika von Tripoli bis Marokko. In: Zschr. f. d. ges. Staatsw., Tübingen 1864
Heynatz, Johann Friedr.: Versuch eines deutschen Antibarbarus, Berlin 1796/97
Heyse, J. Ch. A.: Allgemeines verdeutschendes und erklärendes Fremdwörterbuch, Hannover 1919
Hirschberg, J.: Geschichte der Augenheilkunde bei den Arabern, Leipzig 1905
Hirt, H.: Etymologie der neuhochdeutschen Sprache, München 1921
Holthausen, Ferdinand: Altenglisches etymologisches Wörterbuch, Heidelberg 1934
–: Altfriesisches Wörterbuch, Heidelberg 1925
–: Etymologisches Wörterbuch der englischen Sprache, 3. Aufl. Göttingen 1949
–: Gotisches Etymologisches Wörterbuch, Heidelberg 1934
–: Vergleichendes und etymologisches Wörterbuch des Altwestnordischen, Göttingen 1948
–: Altsächsisches Wörterbuch, Münster/Köln 1954
Horn, B.: Grundriß der neupersischen Etymologie, Straßburg 1893
Huart, Cl.: Geschichte der Araber, Leipzig Bd. I. 1914; Bd. II. 1915
Hübner, Joh.: Das Staatszeitungs- und Conversationslexicon, Merseburg 1709
–: Curioses und reales Natur-, Kunst-, Berg-, Gewerck- und Handlungslexicon, 1712
Hunke, Sigrid: Allahs Sonne über dem Abendland, Frankfurt a. Main 1990.

Hyrtl, J.: Die alten deutschen Kunstworte der Anatomie, Wien 1884
–: Das Arabische und Hebräische in der Anatomie, Wien 1879

Ideler, Ludwig: Untersuchungen über den Ursprung und die Bedeutung der Sternnamen, Berlin 1809

Idiotikon, Schweizerisches: Wörterbuch der schweizer-deutschen Sprache bearbeitet von Friedrich Staub, Ludwig Tobler, Albert Bachmann u.a. 1881

Issa, Bey Ahmed: Dictionnaire des noms des plantes en latin, français, anglais et arabe, Kairo 1930

Jacob, Georg: Die Waren beim arabisch-nordischen Verkehr im Mittelalter, Berlin 1891

–: Der Einfluß des Morgenlandes auf das Abendland vornehmlich während des Mittelalters, Hannover 1924

Jochmann, C.: Über die Sprache, Heidelberg 1828

Jockel, Rudolf: Islamische Geisteswelt, 1954

Kaltschmidt, J. H.: Vollständiges stamm- und sinnverwandtschaftliches Wörterbuch der deutschen Sprache aus allen ihren Mundarten mit allen Fremdwörtern, Nördlingen 1851

Karabacek: Das arabische Papier, Wien 1887

Khairallah, Amin: Outline of Arabic Contributions to Medicine, Beirut 1946

Kiesewetter, L.: Neues vollständiges Fremdwörterbuch, Leipzig 1859

Klein, Anton von: Deutsches Provinzialwörterbuch, Frankfurt und Leipzig 1792

Kluge, Friedrich –: Etymologisches Wörterbuch der deutschen Sprache, Berlin 1963

Kopp, Hermann: Beiträge zur Geschichte der Chemie, Braunschweig 1875

Koran, der: Übersetzung von Rudi Paret, Stuttgart 1966

Kraemer, Jörg: Das Problem der islamischen Kulturgeschichte, Tübingen 1959

Kramer, Matthias: Das neue Dictionarium oder Wort-Buch in Teutsch-Italienischer Spraach, Nürnberg 1678

Kremer, A. von: Culturgeschichte des Orients und der Kalifen, Wien 1875–1877

Kretschmer, Paul: Wortgeschichte der hochdeutschen Umgangssprache, Göttingen 1918

–: Wortgeographie der hochdeutschen Umgangssprache, Göttingen 1918

Kroeber, Ludwig: Geschichte und Herkunft der Würz- und Duftstoffe, München 1949

Krünitz: Ökonomisch-technologische Enzyklopädie, 1773–1858

Kuen, Dionys: Oberschwäbisches Wörterbuch der Bauernsprache, Buchau 1844
Kühnel, Ernst: Die Kunst des Islam, Stuttgart 1962
Kunitzsch, P.: Arabische Sternnamen in Europa, Wiesbaden 1959
Ladendorf, O.: Historisches Schlagwörterbuch, Straßburg 1906
Lammens, Henri: Remarques sur les mots français dérivés de l'arabe, Beyrouth 1890
Langen, A.: Deutsche Sprachgeschichte vom Barock bis zur Gegenwart. In: Deutsche Philologie im Aufriß I. 2. Aufl. 1957
Leclerc, L.: Histoire de la médecin arabe, Paris 1876
Lennis, J.: Synopsis der Pflanzenkunde, Hannover 1883–1886
Lewis, Archibald R.: Naval power and trade in the Mediterranean, A.D. 500–1100, Princeton (N. J.) 1951
Lexer, M.: Mittelhochdeutsches Wörterbuch, Stuttgart 1961
Liebe, Georg: Teutsches Wörterbüchlein, 1686
Lippmann, E. v.: Zur Geschichte des Schießpulvers und der ältesten Feuerwaffen, 1898
–: Entstehung und Ausbreitung der Alchemie, Berlin 1919–1931
–: Geschichte des Zuckers, Berlin 1929
Littmann, Enno: Morgenländische Wörter im Deutschen. Nebst einem Anhang über die amerikanischen Wörter, Tübingen 1924
–: Abendland und Morgenland, Tübingen 1930
Littré, Emil: Dictionnaire de la langue française, Paris 1956ff.
Lokotsch, Karl: Etymologisches Wörterbuch der europäischen Wörter orientalischen Ursprungs, Heidelberg 1927
Maaler, Josua: Die Teutsch Sprach, Tiguri 1561
Mahn, C. A.: Untersuchungen auf dem Gebiete der romanischen Sprachen, Berlin 1876 (auf dem Titel 1863)
Martin, Ernst u. Hans Leinhart: Wörterbuch der elsässischen Mundarten, Straßburg 1899–1907
Marzell, Heinrich: Neues illustriertes Kräuterbuch, Leipzig 1935
–: Wörterbuch der deutschen Kräuternamen, Leipzig 1937
Maußer, Otto: Deutsche Soldatensprache, Straßburg 1917
Mazaheri, Aly: So lebten die Muselmanen im Mittelalter, Stuttgart 1957
Meurer, Hermann: Lexikalische Sammlungen aus Friedrich Rückerts Werken, Weimar 1872
Meyer-Lübke, W.: Romanisches etymologisches Wörterbuch, 2. Aufl. Heidelberg 1920
Mez, A.: Die Renaissance des Islam, Heidelberg 1922
Miklosich, Franz: Etymologisches Wörterbuch der slavischen Sprachen, Wien 1886

Mitzka, Walter: Deutscher Wortatlas, Gießen 1952f.
Moerbeek, Ad. Abr. van: Neues deutsch-holländisches Wörterbuch, Leipzig 1768
Mulch, R.: Seelische Bindungen im Leben der Wörter, Gießen 1933
Müller, August: Der Islam im Morgen- und Abendland, Berlin 1885–1887
Müller-Fraureuth, Karl: Wörterbuch der obersächsischen erzgebirgischen Mundarten. 1. 2. Dresden 1911–14
Nieremberger Benedikt Friedrich, Deutsch-lateinisches Wörterbuch, Regensburg 1753
Olearius, Adamus: Newe orientalische Reisebeschreibung, Schleßwig 1647
–: Moskowitische und Persianische Reisebeschreibung, Hamburg 1696
Oertel, E.: Grammatisches Wörterbuch der deutschen Sprache, München 1835
Osman, Nabil: Kleines Lexikon untergegangener Wörter, 3. Aufl. München 1976
–: Samuel Heinicke, München 1977
Panzer, F.: Der deutsche Wortschatz als Spiegel deutschen Wesens und Schicksals, 1938
Paret, Rudi: Der Einbruch der Araber in die Mittelmeerwelt, Kevelaer 1946
Paul, H.: Prinzipien der Sprachgeschichte, Tübingen 1957
–: Deutsches Wörterbuch, 1. Aufl. Halle 1897, 6. Aufl. (bearbeitet von Werner Betz), Tübingen 1966
Pihan, Antoine: Dictionnaire des mots dérivés de l'arabe, du turc et du persan, Paris 1866
Pirenne, Henri: Die Geburt des Abendlandes – Mohammed und Karl der Große, Leipzig 1939
Pokorny, Julius: Indogermanisches etymologisches Wörterbuch, Bern 1949f.
Porzig, W.: Das Wunder der Sprache, Bern 1957
Prutz, Hans: Kulturgeschichte der Kreuzzüge, Berlin 1883
Rahmat Allah, Leval: Gegenüberstellung einiger deutsch-orientalisch verwandter Wörter, München 1956
Reinhardt, L.: Kulturgeschichte der Heilpflanzen, 1911
Rörig, Hans: Die arabische Welt, München 1955
Rot, Simon: Ein Teutscher Dictionarius, Augsburg 1571
Ruska, Julius: Zur ältesten arabischen Algebra, Heidelberg 1917
Sarrazin, O.: Verdeutschungswörterbuch, Berlin 1912
Schambach, G.: Wörterbuch der niederdeutschen Mundart der Fürstentümer Göttingen und Grubenhagen, Hannover 1858
Schatz, Josef: Wörterbuch der Tiroler Mundarten, Innsbruck, 1955f.

Schaube, A.: Handelsgeschichte der romanischen Völker des Mittelmeergebiets zur Zeit der Kreuzzüge, München 1906
Scheid, Paul: Studien zum spanischen Sprachgut im Deutschen, Greifswald 1934
Schiller Karl u. August Lübben: Mittelniederdeutsches Wörterbuch. 1–6. Bremen 1875–81
Schirmer, Alfred: Der Wortschatz der Mathematik nach Alter und Herkunft untersucht, Straßburg 1912
–: Wörterbuch der deutschen Kaufmannssprache, Straßburg 1911
Schmeller, J. A.: Bayerisches Wörterbuch, Tübingen 1969
Schöne, M.: Vie et mort des mots, Paris 1947
Schöneweis, H. G.: Der Name der Obstbäume in den romanischen Sprachen, Köln 1955
Schottelius, Justus Georg: Ausführliche Arbeit von der Teutschen Haubt-Sprache, Braunschweig 1663
Schoy, C.: Über einige der arabischen entlehnten Benennungen in den exakten Wissenschaften, 1917
Schulte, A.: Geschichte des mittelalterlichen Handels und Verkehrs zwischen Westdeutschland und Italien, Leipzig 1900
Schulz, Hans u. Otto Basler: Deutsches Fremdwörterbuch, Straßburg und Berlin, 1913 ff.
Schweinfurth, G.: Arabische Pflanzennamen aus Ägypten, Algerien und Jemen, Berlin 1912
Seidel, E.: Die Medizin im Kitāb mafātīḥ al- ʿulūm, Erlangen 1915
Seidel, G.: Über die medizinischen Kenntnisse bei den Arabern. In: Sitzgber. d. phys. med. Soz. in Erlangen, Bd. 47
Seiler, Friedrich: Die Entwicklung der deutschen Kultur im Spiegel des deutschen Lehnwortes, Halle 1907–1913
Skeat, Walter William: Etymological Dictionary of the English Language, Oxford 1928
Spieß, Otto: Orientalische Kultureinflüsse im Abendland, Braunschweig 1949
Steiger, Arnold: Origin and spread of oriental words in European languages, New York 1963
Stempel, Wolf-Dieter: Die romanischen Obstbaumbezeichnungen, Heidelberg 1954
Steudel, Johannes: Altes Erbgut in der ärztlichen Sprache der Gegenwart, Bonn 1944
Stieler, C.: Der Teutschen Sprache Stammbaum und Fortwachs oder Teutscher Sprachschatz, Nürnberg 1691
Storfer, A. J.: Wörter und ihre Schicksale, Berlin und Zürich 1935

Stüwe, F.: Die Handelszüge der Araber unter den Abbassiden durch Afrika, Asien und Osteuropa, Berlin 1836
Suolahti, Hugo: Die deutschen Vogelnamen, Straßburg 1909
Suter, H.: Die Araber als Vermittler der Wissenschaften in deren Übergang vom Orient in den Occident, Arau 1897
–: Die Mathematiker und Astronomen der Araber und ihre Werke, Leipzig 1900
Taeschner, Franz: Geschichte der arabischen Welt, Heidelberg 1944
Tobler, Titus: Appenzellischer Sprachschatz, Zürich 1837
Trautmann, Reinhold: Baltisch-Slawisches Wörterbuch, Göttingen 1923
Trübners Deutsches Wörterbuch, begründet von A. Götze, hrg. von W. Mitzka, Berlin 1939–1957
Tschirch, Fritz: Geschichte der deutschen Sprache, Bd. 2, Berlin 1969
Vasmer, Max: Russisches etymologisches Wörterbuch, Heidelberg 1950f.
Wahrig, G.: Das große deutsche Wörterbuch, Gütersloh 1967
Walde, Alois: Lateinisches etymologisches Wörterbuch, 3. Aufl., neu bearbeitet von Julius Pokorny. 1–3. Berlin u. Leipzig 1927–32
Wartburg, Walter v.: Französisches etymologisches Wörterbuch Bd. 19 (Orientalia) Basel 1967
Wasserzieher, E.: Woher? Berlin 1918, 13. verbesserte Auflage besorgt von Werner Betz, Bonn 1952
Weekly, Ernest: An Etymological Dictionary of Modern English, London 1921
Weigand, Fr. L. K.: Deutsches Wörterbuch, 5. Auflage neu bearbeitet von Karl von Bahder, Hermann und Karl Kant, Gießen 1909/1910
Weise, O.: Unsere Muttersprache, Leipzig u. Wien 1909
Wellhausen, Julius: Das arabische Reich und sein Sturz, Berlin 1902
Wenig, Ch.: Gedrängtes Handwörterbuch der deutschen Sprache mit Bezeichnung der Aussprache und Betonung nebst Angabe der nächsten sinnverwandten Wörter, Lichtensteig 1831
Wiedemann, Eilhard: Zur Alchemie bei den Arabern, Erlangen 1922
–: Über die Naturwissenschaften im islamischen Mittelalter. In: Der neue Orient, Bd. V, Berlin 1919
–: Die Gebetszeiten im Islam, Erlangen 1926
–: Über Vorrichtungen zum Heben von Wasser in der islamischen Welt, Berlin 1918
Willemsen, C.: Die Falkenjagd, Leipzig 1943
Woeste, Friedrich: Wörterbuch der westfälischen Mundart, Leipzig 1930
Wörterbuch der Gegenwartssprache, hg. von Klappenbach und Steiniz, Berlin 1961–1977

Wörterbuch der luxemburgischen Mundart, Luxemburg 1906
Woher? Ableitendes Wörterbuch der deutschen Sprache, von G. Wasserzieher, besorgt von W. Betz, Bonn 1974
Wossildo, Richard u. Hermann Teuchert: Mecklenburgisches Wörterbuch, Neumünster 1937f.
Wüstenfeld, F.: Geschichte der arabischen Ärzte und Naturforscher, Göttingen 1840
Zedler, Johann Heinrich: Großes vollständiges Universal-Lexikon (Neudruck), Graz 1961ff.
Zeitschrift der deutschen Morgenländischen Gesellschaft, Leipzig 1847–1944
Zeitschrift für deutsches Altertum, Berlin 1841f.
Zeitschrift für deutsche Philologie, Halle u. Stuttgart 1868ff.
Zeitschrift für deutsche Wortforschung Bd. 1–15. Mit Beiheft 1–5, Straßburg 1900–14 (ab Bd. 20: Zeitschrift für deutsche Sprache, 1964ff.)
Zeitschrift für Mundartforschung, Wiesbaden 1934f.
Ziesemer, Walter: Preußisches Wörterbuch, Königsberg 1935f.